现代农业理论与实践

总顾问　严胜雄

主　编　周　培

上海交通大学出版社
SHANGHAI JIAO TONG UNIVERSITY PRESS

内容提要

2016年4月,习近平总书记在安徽小岗村农村改革座谈会上强调,要以构建现代农业产业体系、生产体系、经营体系为抓手,加快推进农业现代化。习近平总书记关于加快构建现代农业"三大体系"的重要讲话明确了现代农业建设的重点任务,为新时代我国现代农业发展指明了方向路径。遵照习近平总书记关于"三农"工作的一系列重要讲话精神和关于推进现代农业发展的要求,结合十八大以来中央出台的关于"三农"工作的政策和文件,本书以现代农业"三大体系"建设为主体,从现代农业发展概述、现代农业产业体系、现代农业生产体系、现代农业经营体系、发展都市型现代农业,以及现代农业发展评价、规划与政策支持等六方面阐述现代农业基本理论和实践。此教材旨在帮助读者进一步懂得农业、懂得农村和懂得农民,做一名新时代中国特色社会主义事业的建设者和接班人。本书可作为高校农科学生的专业基础课教材和非农科学生全面系统地了解我国现代农业发展的选修课教材,也可以作为"三农"干部的培训教材。

图书在版编目(CIP)数据

现代农业理论与实践 / 周培主编. —上海:上海交通大学出版社,2021(2023重印)
ISBN 978-7-313-24620-2

Ⅰ.①现… Ⅱ.①周… Ⅲ.①现代农业-高等学校-教材
Ⅳ.①F303.3

中国版本图书馆CIP数据核字(2021)第020519号

现代农业理论与实践
XIANDAI NONGYE LILUN YU SHIJIAN

主　　编:周　培

出版发行:上海交通大学出版社　　　　　　地　　址:上海市番禺路951号
邮政编码:200030　　　　　　　　　　　　电　　话:021-64071208
印　　刷:上海万卷印刷股份有限公司　　　经　　销:全国新华书店
开　　本:710mm×1000mm　1/16　　　　印　　张:11.75
字　　数:183千字
版　　次:2021年2月第1版　　　　　　　印　　次:2023年8月第4次印刷
书　　号:ISBN 978-7-313-24620-2
定　　价:48.00元

本书编委会

总顾问　严胜雄

主　编　周　培

副主编　李　强　曹正伟

编　委（按姓氏笔画排序）

王　航　王　斌　支月娥　吕红芝

刘春燕　孙丽珍　李　卓　沙之敏

沈国清　初少华　张　丹　张汉强

陈德明　杨夕佳　周元飞　徐　浩

高　岩　曹林奎　惠　楠

前　言

"洪范八政,食为政首。"十八大以来,习近平总书记多次强调,我国是人口众多的大国,解决好吃饭问题始终是治国理政的头等大事,任何时候都不能忽视农业、忘记农民、淡漠农村。把解决好三农问题作为全党工作重中之重,是我们党执政兴国的重要经验,必须长期坚持、毫不动摇。重农固本是安民之基。

农业、农村、农民问题是关系国计民生的根本性问题。没有农业、农村的现代化,就没有国家的现代化。农业强不强、农村美不美、农民富不富,决定着亿万农民的获得感和幸福感,决定着我国全面小康社会的成色和社会主义现代化的质量。如期实现第一个百年奋斗目标并向第二个百年奋斗目标迈进,最艰巨、最繁重的任务在农村,最广泛、最深厚的基础在农村,最大的潜力和后劲也在农村。

习近平总书记在2017年中央农村工作会议的讲话中指出:"到2020年全面建成小康社会,最突出的短板在'三农',必须打赢脱贫攻坚战、加快农业农村发展,让广大农民同全国人民一道迈入全面小康社会。到2035年基本实现社会主义现代化,大头重头在'三农',必须向农村全面发展进步聚焦发力,推动农业农村农民与国家同步基本实现现代化。到2050年把我国建成富强民主文明和谐美丽的社会主义现代化强国,基础在'三农',必须让亿万农民在共同富裕的道路上赶上来,让美丽乡村成为现代化强国的标志、美丽中国的底色。我们要加快补齐'三农'短板,夯实'三农'基础,确保'三农'在全面建成小康社会、全面建设社会主义现代化国家征程中不掉队。"

党的十八大以来,以习近平同志为核心的党中央坚持把解决好"三农"问题作为全党工作重中之重,贯彻新发展理念,勇于推动"三农"工作理论创新、实践创新、制度创新,农业农村发展取得了历史性成就、发生了历史性变革,为党和国家事业全面开创新局面提供了有力支撑。农业供给侧结构性改革取得新进展,粮食生产能力跨上新台阶,新型农业经营主体发展壮大,农村新产业新业态蓬勃发展,农业现代化稳步推进。农村改革取得新突破,农村承包地"三权分置"取得重大进展,农村集体产权制度改革稳步推进,玉米、大豆、棉花等重要农产品收储制度改革取得实质性成效。城乡发展一体化迈出新步伐,农民收入增速连年快于城镇居民,城乡居民基本医疗和养老制度开始并轨,近1亿农业转移人口成为城镇居民。农村公共服务和社会事业达到新水平,农村教育、文化、卫生等社会事业快速发展,农村水、电、路、气、房和信息化建设全面提速,农村人居环境整治全面展开。精准扶贫、精准脱贫方略落地生效,近1亿农村贫困人口实现脱贫,脱贫攻坚取得决定性胜利。农村社会焕发新气象,农村党群、干群关系更加融洽,社会保持和谐稳定,党在农村的执政基础得到进一步夯实。

同时,我们也要认识到,农业还是现代化建设的短腿,农村还是全面建成小康社会的短板。我国农业产业大而不够强,农产品多而不够优,一二三产融合不深;农业生产基础依然薄弱,现代设施装备应用不足,科技支撑能力仍然不够强;农业经营规模偏小、主体素质偏低,千家万户的小农户生产经营方式难以适应千变万化的大市场竞争要求,农业发展质量效益和竞争力亟待提高。

党的十九大提出实施乡村振兴战略,并强调要坚持农业农村优先发展,按照产业兴旺、生态宜居、乡风文明、治理有效、生活富裕的总要求,建立健全城乡融合发展体制机制和政策体系,加快推进农业农村现代化。实施乡村振兴战略是解决人民日益增长的美好生活需要和不平衡不充分的发展之间矛盾的必然要求,是实现"两个一百年"奋斗目标的必然要求,是实现全体人民共同富裕的必然要求,是我们党"三农"工作一系列方针政策的继承和发展,是中国特色社会主义进入新时代做好"三农"工作的总抓手。

要乡村振兴,产业兴旺是重点。习近平总书记多次就农业产业的发展强调指出,要把发展现代农业作为实施乡村振兴战略的重中之重。农业是全面建成小康社会、实现现代化的基础,是稳民心、安天下的战略产业。实现农业现代化是我国农业发展的重要目标。没有农业现代化,国家现代化是不完整、不全面、不牢固的。

习近平总书记在 2015 年"两会"期间参加吉林代表团审议时强调指出，推进农业现代化，要突出抓好加快建设现代农业产业体系、现代农业生产体系、现代农业经营体系三个重点。2016 年 4 月，习近平总书记在安徽小岗村农村改革座谈会上进一步强调，要以构建现代农业产业体系、生产体系、经营体系为抓手，加快推进农业现代化。

习近平总书记关于加快构建现代农业"三大体系"的重要讲话明确了现代农业建设的重点任务，为新时期我国现代农业发展指明了方向路径。现代农业产业体系是产业横向拓展和纵向延伸的有机统一，重点解决农业资源要素配置和农产品供给效率问题是现代农业整体素质和竞争力的显著标志。构建现代农业产业体系，就是要通过优化调整农业结构，充分发挥各地资源比较优势，促进粮经饲统筹、农牧渔结合、种养加一体、一二三产业融合发展，延长产业链、提升价值链，提高农业的经济效益、生态效益和社会效益，促进农业产业转型升级。现代农业生产体系是先进生产手段和生产技术的有机结合，重点解决农业的发展动力和生产效率问题，是现代农业生产力发展水平的显著标志。构建现代农业生产体系，就是要用现代物质装备武装农业，用现代科学技术服务农业，用现代生产方式改造农业，转变农业要素投入方式，推进农业发展从拼资源、拼消耗转到依靠科技创新和提高劳动者素质上来，提高农业资源利用率、土地产出率和劳动生产率，增强农业综合生产能力和抗风险能力，从根本上改变农业发展依靠人力畜力、"靠天吃饭"的局面。现代农业经营体系是现代农业经营主体、组织方式、服务模式的有机组合，重点是解决"谁来种地"和经营效益问题，是现代农业组织化程度的显著标志。构建现代农业经营体系就是要加大体制机制创新力度，培育规模化经营主体和服务主体，加快构建职业农民队伍，形成一支高素质农业生产经营者队伍，促进不同主体之间的联合与合作，发展多种形式的适度规模经营，提高农业经营集约化、组织化、规模化、社会化、产业化水平。

我国农业正处在转变发展方式、优化经济结构、转换增长动力的攻关期，要坚持以农业供给侧结构性改革为主线，坚持质量兴农、绿色兴农，加快推进农业由增产导向转向提质导向，加快构建现代农业产业体系、生产体系、经营体系，不断提高我国农业综合效益和竞争力，实现由农业大国向农业强国的转变。

2020年是不平凡的一年,在抗疫斗争最吃紧的时刻,2月25日习近平总书记对全国春季农业生产工作作出重要指示,强调越是面对风险挑战,越要稳住农业,越要确保粮食和重要副食品安全。各级党委要把"三农"工作摆到重中之重的位置,统筹抓好决胜全面建成小康社会、决战脱贫攻坚的重点任务,把农业基础打得更牢,把"三农"领域短板补得更实,为打赢疫情防控阻击战、实现全年经济社会发展目标任务提供有力支撑。

遵照习近平总书记关于"三农"工作的一系列重要讲话精神和关于推进现代农业发展的要求,结合十八大以来中央出台的关于"三农"工作的政策和文件,本书以现代农业"三大体系"建设为主体,分概述、产业体系、生产体系、经营体系、都市型现代农业和评价规划与政策等六章阐述现代农业基本理论和实践。

编 者

目　录

第1章 现代农业发展概述

人类早期以采集和狩猎为生,大约在 1 万年前,逐步开始对植物和动物进行驯化,从而开启了人类的农业生产,并在漫长的历史年代里不断改进农业生产工具和土地利用方式。从世界范围看,农业生产大体上经历了原始农业、传统农业和现代农业三个阶段,不同的阶段使用的生产工具不同,从而在生产力水平上存在巨大的差异,每个农业劳动力所能够提供的农产品也就有了巨大的差异。原始农业阶段,生产工具以石器为主,生产力水平极低,每个劳动者生产的产品除满足自身的需求外,很少有剩余;传统农业阶段,生产工具以铁器为主,生产力水平有了一定的发展,每个劳动者生产的产品可以满足多个人的需求;现代农业阶段,生产工具以机械为代表,生产力水平有了巨大的发展,每个劳动力生产的产品可以满足十几个甚至几十个人的需求,社会中的绝大多数人都脱离了农业生产。农业的发展过程主要就是在农业生产工具进步的基础上,实现农业生产方式的发展和演变的过程。

1.1 世界农业发展简史

1.1.1 原始农业阶段

原始农业开始于新石器时代,在这个阶段,人们在最原始的自然条件下,采用简陋的磨制石器工具,以撂荒的耕作方法,通过简单协作的集体劳动方式进行生产。原始农业是一种从采集、狩猎经济向原始农业逐步过渡而来的、近似自然状态的农业。人类从野蛮的茹毛饮血进入到刀耕火种的文明时代,迈出了历史性的一步,两河流域(美索不达米亚)、古埃及、古印度、中国等古文明的出现,都同农业密不可分。

原始农业发展历时六七千年之久,经历了刀耕和锄耕两个时期。它的突出成就和重大突破在于对野生动植物的驯化,标志是稻谷和陶器的出现,现在常见的主要作物和家畜大多在 4000 年以前基本完成驯化过程。但由于生产技术水平低和不稳定,当时仍经常以采集、狩猎作为辅助手段。从生产工具发展来看,人类生产的早期使用的工具是木棒,后来逐步掌握了将石斧、石锄等经过磨制的石器缚在木棍上作为生产工具用来开荒掘地、种植作物的技术,再后来发明了简单的木犁和青铜农具,并将牛、马等大牲畜驯化为役畜,但主要的工具仍是取自自然界的木、石等材料,主要的动力也还是人的劳动,土地在耕种一段时间后地力衰竭,就丢弃不用,等待其自然恢复,该阶段人类还是服从于自然的力量。从生产的构成看,该阶段是兼有种植业和养畜业的混合农业的特点,但二者在发生时间上,以及在不同地区、不同民族中所占的比重有很大差别。种植业出现于母系氏族社会,最初由妇女承担,人们在常年的采集活动中掌握一些植物的生长习性,把其中适合人类需要的驯化成为栽培植物。养畜业也是通过狩猎活动的漫长实践而产生的,最初被驯化的是小型的、具有经济价值的野生动物,数量也少,后来才有了较大的畜群,用大牲畜作役畜是较晚的事。

1.1.2 传统农业阶段

传统农业是在自然经济条件下,采用人力、畜力、手工工具、铁器等为主的手工劳动方式,依靠世代积累下来的传统经验,以自给自足的自然经济居主导地位的农业。从金属农具和木制农具逐步替代石器农具开始,人类开启了由原始农业向传统农业演化的历程,铁犁牛耕的使用大大提高了生产效率,也便于深耕细作,农业生产发展出现了一次质的飞跃。

传统农业采用历史上沿袭下来的耕作方法和农业技术,具有低能耗、低污染等特征,直到今天依然发挥着重要作用。在时间维度看,西方的传统农业始于奴隶制的希腊和罗马,中国则发端于春秋战国。从土地利用方式看,欧洲国家实行休耕、轮作,包括放牧地的二圃制和三圃制,以利于农牧结合和恢复地力;中国选择废除撂荒制,走上土地连种制的道路,实行精耕细作,种植业和养畜业进一步细化分工。

1.1.3 现代农业阶段

现代农业是以工业技术为装备、以实验科学为指导、主要从事商品生产的农业。18 世纪中期,随着资本主义在西方的兴起,传统农业开始向现代农业过渡,然而由于技术发展水平的差别,现代农业在西方又经历了近代和现代两个时期。近代阶段是从传统农业向严格意义上的现代农业转变的过渡阶段,始于产业革命,止于 20 世纪初。除利用手工农具、畜力农具并施用有机肥外,部分地区已开始从三圃制过渡到四圃轮栽式农业。严格意义上的现代农业阶段开始于 20 世纪初,其着重依靠机械、化肥、农药和水利灌溉等技术,农业生产的动力机械逐步采用内燃机牵引的轮式通用拖拉机。李比希矿质学说的提出、哈伯人工合成氮肥等都是这一阶段的标志性事件,一些工业发达国家到 20 世纪中期先后完成这一转变,如美国在 20 世纪 50 年代就实现了全面农业机械化,是世界上最早实现农业现代化的工业化国家。而包括日本在内的东方国家却从较晚的时期才开始发生上述转变,截至 2017 年底我国农作物耕种收综合机械化率超过 66%,而这只相当于发达农业国家 20 世纪 50～80 年代的水平。进入 21 世纪后,信息化浪潮席卷全球,人类进入了信息时代,随着生物技术和基因工程技术的发展,DNA 重组技术、克隆技术、通信技术、3S 技术、光电技术等在农业领域应用,克隆绵羊"多莉"出现、植保无人机上天、生物化肥施用、高度自动化农业机械田间作业,在让我们感叹现代农业飞速发展之余,也给我们留下无限的想象空间。

1.2 中国农业发展历程

1.2.1 原始农业阶段

中国的原始农业距今已有近 1 万年的历史,与世界其他最早农业发生区域一样,早期都实行撂荒制。中国是世界上最早养蚕缲丝的国家,同时也是世界作物起源中心之一,如稻、粟、黍、大豆、经济林木和茶等,都是中国最先栽培的。当时北方黄河流域是春季干旱少雨的黄土地带,以种植抗旱耐瘠薄的粟为主;长江流域以南是遍布沼泽的水乡,多栽培性喜高温多湿的水稻。黄河流域和长江流域发现了不少新石器早期文化遗址,这些遗址记录了这一历程,如距今7000年的河南新郑裴李岗文化遗址和河北武安磁山村文化遗址都有石斧、锄、石镰以及石制杵臼等出土,这些农具磨制精细、配套完整、种类齐全,磁山遗址下层还发现了粟和猪、鸡、羊等家畜骨骼,以及纺轮等物。距今7000年到5000年的仰韶文化农业遗址遍布黄河中游,发现了大量村落遗址。西安半坡遗址除了出土了石器、陶器、骨角器等农业和渔猎生产工具外,还有加工、贮藏食物的器具以及保存较为完整的粟和菜籽等,说明当时的农产品加工和园艺生产也已有一定的发展;距今5000年到4000年的龙山文化出土了少量小型铜器,表明定居的锄耕农业有了进一步发展。根据湖北京山屈家岭、浙江吴兴钱山漾以及江苏南京青莲岗等出土的实物遗存,长江流域的水稻生产至少已有四五千年的历史;浙江发现的距今约7000年的余姚河姆渡遗址和桐乡罗家角遗址出土了世界上最早的炭化稻谷、稻壳、稻秆以及大量保存完好的骨制耜、镞、锥、针和木制农具,把中国水稻生产的历史年代大大提前,表明了中国水稻栽培是从南徒步向北推移的。对黄河上游的马家窑文化和齐家文化考古发现,其畜牧业比中原地区发达,这就是游牧文化的先驱。考古学家在殷墟遗址发现了商代的甲骨文,出土了青铜农具和木犁实物遗存,但这些农具似乎没得到推广,虽较前有所进步,但仍以木、石为主,作物已有黍、稷、稻、麦,家畜继犬、猪、鸡、牛、羊之后,马也已被驯养。蚕丝早在新石器时代晚期已被利用,在这一时期得到进一步普及。西周虽实行撂荒制,但新垦田不断增加,农具的形制得以改进,所谓"六谷""六畜"已分别成型,农圃逐渐出现了明确的分工。

1.2.2 传统农业阶段

中国大约在战国、秦汉之际就已逐渐形成一套以精耕细作为特征的传统农业技术。在发展过程中,生产工具和生产技术尽管有很大的改进和提高,但根本性质没有变化。中国传统农业技术的精华对世界农业的发展有过积极的影响。

从春秋战国时期实行铁犁牛耕开始,中国农业基本上结束了撂荒制,但没有选择发展二圃制和三圃制,而是选择了以提高单产、充分利用土地资源的精耕细作的土地连种制道路。春秋晚期至战国早期出现了铁制小农具，到战国中期之后，带有铁制犁铧的耕犁逐步得到推广。封建地主制下的小农经济为农业生产提供了有利条件。这一时期，除扩大耕地面积以外，更重要的是开始实行深耕易耨、多粪肥田措施，各地先后兴修的芍陂(安徽)、都江堰(四川)、郑国渠(陕西)等大型水利工程，以及约在西汉末年开始出现的龙骨水车(翻车)，又为精耕细作提供了灌溉条件。

从秦汉到魏晋南北朝时期，北方旱农地区逐渐形成耕—耙—耢的作业体系，并建立了成套保墒抗旱的耕作措施。汉代发明使用的铁制犁壁和耧犁大大方便了耕翻起垄和提高了开沟播种的效率。在江南，经过六朝和唐宋时代的开发，为适应水田地区的耕地条件，则形成了耕—耙—耖的水田耕作技术体系。唐代水田用的江东犁，其形制已相当完备。

《齐民要术》对唐宋以后这个时期的农学成就进行了完整地总结和描述，江南地区修筑圩田，形成水网，再用筒车、翻车提灌，做到了水旱无虞；在东南、西南地区的丘陵山区，为制造有利于生产的条件及水土保持，则修建了梯田。为了有效地恢复并增进地力，除倒茬轮作外，人们更加注重肥料的施用。

明清以来，中国的商品经济有了长足的发展，如太湖流域周围因种植桑、棉等经济作物，粮食供应需从外地调配，积极促进了粮食的商品化。在花生、烟草、甘蔗等其他经济作物逐渐形成相对集中的产区之后，也都出现了类似情况。同时，在一些人口稠密的地方和贫瘠山区，为补充粮食的不足，推广种植玉米、甘薯等高产作物，全国的作物生产有了布局意识。在土地利用上，一方面通过北部和西北部的垦殖开发，有效地扩大了全国耕地面积，另一更重要的方面是由于复种和间、混、套种等多熟制的推广普及，提高了复种指数，同时，传统的精耕细作技术也有了更好的发展，促使这一时期主要作物的单产和总产得以增长。但在中国封建社会长期延续的历史进程中，以劳动集约为特点的农业生产技术体系终未出现质的改变，这是致使近现代农业生产落后的重要原因之一。

1.2.3 现代农业阶段

从 1840 年鸦片战争开始，中国经济领域"自给自足的自然经济"开始破产,传统农业形式被逐步瓦解,中国农业进入近现代发展阶段。从 1840 年到 1949 年为近代农业时期,三民主义的平均地权和废除封建制的土地革命是近代农业从无到有的主要推动因素。1949 年至今为现代农业时期,历经土地改革、社会主义改造、人民公社化运动、改革开放、新农村建设等阶段,其间颇多曲折,但就发展速度和规模来看,远非前期可比。21 世纪,我国总体上已进入加快改造传统农业、走中国特色农业现代化道路的关键时期,推进农业结构调整、增加农民收入、改善生态环境、加速农业产业化与现代化进程,最终要依靠农业科技的进步与创新,让现代农村成为一片大有可为的土地、希望的田野,为实现中华民族伟大复兴梦做出应有的贡献。

1) 鸦片战争至民国时期

鸦片战争以后,中国逐步沦为半殖民地半封建社会,由于受到帝国主义、封建主义和官僚资本主义的残酷压迫,农村阶级矛盾日益加剧,农业生产发展缓慢,农村经济江河日下。同时,帝国主义的洋枪大炮又使海禁洞开,西方近代农业科学技术陆续进入中国,并受到重视,日本、欧美等国家的农业科学知识翻译文本相继进入中国,政府也派遣留学生赴日本和欧美等国学习交流,当时农业机械、化学肥料和农药开始使用,农桑学校、农业试验场和农业推广机构等有所兴办。第一次世界大战结束后,受到国际对农产品需求激增的影响,中国的经济作物、油料作物一度曾有向好的发展。但农产品的出口和价格都掌握在帝国主义、官僚买办和地主的手中,农民备受低价收购和"倾销"政策的双重剥削,农业再度受到打击。抗日战争期间,南方各省设立农业改进所,加大对农业科学技术的推广和培养自己的农业科技人员,农学研究逐渐走上与新的科学技术相结合的道路,但日本帝国主义侵略进一步损害了中国农业。另外,当时农村中经营地主和富农经济等带资本主义因素的经济成分开始出现,但农村中的资本主义经济始终未能得到发展。

2) 社会主义改造和人民公社化运动时期

中华人民共和国成立后,农村经济得到了迅速的恢复和发展。1950 年 6 月 28 日,中央人民政府委员会第八次会议通过《中华人民共和国土地改革法》,指导土地改革运动,引导农民开展互助合作运动,废除封建土地所有制,实行农民阶级的土地所有制。1952 年,农业生产已恢复至历史最高水平。1953 年开始,国家对农业进行社会主义改造,从农业互助组、初级农业合作社到高级农业生产合作社,由低级向高级发展,走向社会主义道路。1958 年 5 月 5 日至 23 日,中国共产党第八次全国代表大会第二次会议正式通过了中共中央根据毛泽东的倡议而提出的"鼓足干劲、力争上游、多快好省地建设社会主义"的总路线。同年 8 月,中共中央政治局在河北省秦皇岛市北戴河区举行的扩大会议上通过了《关于在农村建立人民公社问题的决议》,认为这是指导农民加速社会主义建设,提前建成社会主义和逐步向共产主义过渡的最好的组织形式。至 1965 年完成了农业合作化和人民公社化,建立了与计划经济体制相适应的统派购制度。1965 年,全国农业总产值达 589.6 亿元,按 1957 年不变价格计算,超出 1957 年(536.7 亿元)9.9%,与 1960 年相比增长 42.1%,平均年递增 7.3%。在农业内部,农作物业、林业、畜牧业、渔业和副业都有一定的发展。这一时期,农业教育、科学研究与技术推广体系已普遍建立,并且形成了相当的规模。1966 年春,全国有独立的高等农林院校 53 所,在校学生 6.3 万人,分别是 1949 年的 2.9 倍和 6.1 倍;中等农林学校 144 所,在校学生 5.4 万人,分别是 1949 年的 1.3 倍和 2.5 倍。到 20 世纪 60 年代初期,全国已有中央和省、地级综合性和专业性农业科研机构 100 多个。

3)"文化大革命"时期

"文化大革命"十年,我国农村经济的发展受到严重挫折。1966—1969 年全国农业生产总值基本保持停滞状态。1967—1969 年生猪饲养量下降,1969 年存栏和全年出栏肉猪比 1966 年下降 8.2%。农业生产连续三年呈下降和停滞状态,全国人口保持了持续增长,自然增长率却分别为 2.56%、2.74% 和 2.61%。粮食从 291kg 减至 265kg,下降 8.9%;棉花从 3.2kg 减至 2.6kg,下降 18.7%,导致市场农副产品供应异常紧张。

4)改革开放与家庭联产承包责任制的建立

党的十一届三中全会揭开了中国经济改革序幕,全会作出了实行改革开放的重大决策,开启了农村改革的新进程。这场改革始于农村,而影响最为广泛深刻的是家庭联产承包责任制的推行。据统计,1978 年,在家庭承包发展最早的安徽省,实行包产到户的生产队也只占生产队总数的0.4%,但到了 1982 年 11 月,全国实行承包制的生产队已占生产队总数的 92.3%,农村经济崭新的格局已全面建立。1982—1986 年,连续发布了 5 个涉农中央"一号文件",肯定了农村创造的经验,排除了阻碍生产力发展的思想和体制障碍,大包干带来了大变化。1988 年,我国农村社会总产值为 12535 亿元,按可比价格计算,较 1978 年增长了 2.43 倍,平均年递增 13.1%,快于同期社会总产值增长 1.9 倍和平均年递增 11.2%的速度。农业总产值(不含村办工业)为 5865 亿元,较 1978 年增长 82.6%,平均年递增 6.2%,相当于 1953 年到 1978 年平均年递增 2.7%的 2.3 倍。农村的第三产业也快速发展起来了。1988 年,全国乡镇企业总数为 1888.16 万个,总产值为 6495.7 亿元,占农村社会总产值的 56%和全国社会总产值的 23.5%,在国民经济中已享有举足轻重的地位。我国农业教育与科技事业也蓬勃发展,农业科研与推广工作硕果累累。在科学研究方面,到 1987 年,全国有农林院校 78 所,到 1985 年,全国有农林科研机构 1400 多个,从业科技人员 10 余万人,农技推广机构 12万个,职工 70 多万。籼型杂交稻的发明和大面积推广、地膜覆盖栽培技术的应用、鲁棉 1 号的广泛种植及马传染性贫血疫苗推广普及都是这一时期的标志性成果。据中国农科院估算,我国农业总产量中科技进步的贡献率由1972—1980 年的 27%提升为 1981—1985 年的 30%～40%。随着知识经济迅猛发展,人们逐渐意识到科学技术作为第一生产力在中国农业现代化建设中必将发挥越来越大的作用。

5) 社会主义市场经济体制改革

从 1985 年开始,中央人民政府和地方政府的改革重心开始向城市经济体制和社会管理方向战略转移。为了保证城市改革的顺利推进,财政资金和各种资源配置逐步向城市倾斜,以城市为中心的利益格局的恢复集中体现在城市收入分配、社会保障制度改革和国家财税制度改革等领域。1992年 10 月,党的十四大确立了社会主义市场经济体制的改革目标。1993 年 11月,党的十四届三中全会通过了《关于建立社会主义市场经济体制若干问题的决定》,我国正式开启了市场经济体制改革,城市经济发展驶入快车道。与此同时,农民由于受到负担过重和增收困难的双向压力,收入增长缓慢,使得"三农"问题进一步严重化。农民负担过重的问题引起了党中央国务院的高度重视。党中央、国务院着手对涉及农民负担的各种收费、集资、基金、达标升级项目进行清理整顿,并对农民负担实行严格的比例控制。从中央到地方,普遍加强了对农民负担的监督管理,使农民负担高速上升的势头得到一定程度的遏制。自 1992 年开始至 1998 年,我国加快了乡镇企业产权制度改革,乡镇企业大发展迎来了自己的时代,随之出现了农村劳动力大规模流动的"民工潮",乡镇企业就业人数由 1992 年的 1.06 亿增加到 1996 年的 1.35 亿。尽管 1997—1998 年爆发了东南亚金融危机,但总体上我国农业综合生产能力全面提高,农产品供给实现了由短缺向供求基本平衡、丰年有余的历史性转变。

6)"工业反哺农业,城市支持农村"时期

1999—2012 年,农业政策以保护农业生产、支持农民增收、减轻农民负担和促进农业发展为主要特征。2002 年颁布的《农村土地承包法》用法律形式"赋予农民长期而有保障的土地使用权"。同年,党的十六大提出,中国已经进入"工业反哺农业,城市支持农村"的阶段。2004 年,中央发布"三农"的"一号文件"提出将"三农"工作作为全党工作的重中之重,"取消农业税、工业反哺农业"的政策得到深入贯彻实施。2005 年,中央正式提出建设社会主义新农村。2006 年,在全国范围内全面取消农业税。农村合作医疗制度从 2003 年起先在全国部分县(市)试点,然后逐步推行,到 2010 年基本覆盖全国农村居民。2007 年 1 月 29 日,《中共中央 国务院关于积极发展现代农业扎实推进社会主义新农村建设的若干意见》文件要求,发展现代农业是社会主义新农村建设的首要任务。十七届三中全会出台了《中共中央关于推进农村改革发展的若干重大问题的决定》,提出稳定土地承包关系,鼓励土地合法流转。通过上述一系列的改革,我国的农业产业结构得到优化,农村社会保持稳定,农民收入比前阶段翻了两番,为全面建成小康社会奠定了基础。

7)中国特色社会主义新时代

经过多年不懈努力,我国农业农村发展不断迈上新台阶,已进入新的历史阶段。农业的主要矛盾由总量不足转变为结构性矛盾,突出表现为阶段性供过于求和供给不足并存。近些年,我国在农业转方式、调结构、促改革等方面进行积极探索,为进一步推进农业转型升级打下一定基础,但农产品供求结构失衡、要素配置不合理、资源环境压力大、农民收入持续增长乏力等问题仍很突出,增加产量与提升品质、成本攀升与价格低迷、库存高企与销售不畅、小生产与大市场、国内外价格倒挂等矛盾亟待破解。

十八大以来,面对错综复杂的国内外发展环境,中央始终把解决好"三农"问题作为全党工作的重中之重,坚持工业反哺农业、城市支持农村和多予少取放活方针,不断加大强农惠农富农政策力度。党的十九大更是从党和国家事业全局出发、着眼于实现"两个一百年"奋斗目标,提出了实施乡村振兴战略,并将其确定为我国特色社会主义进入新时代做好"三农"工作的总抓手。2017 年 12 月 28 日,习近平总书记在中央农村工作会议上的讲话中指出,如期实现第一个百年奋斗目标并向第二个百年奋斗目标迈进,最艰巨最繁重的任务在农村,最广泛最深厚的基础在农村,最大的潜力和后劲也在农村。到 2020 年全面建成小康社会,最突出的短板在"三农",必须打赢脱贫攻坚战、加快农业农村发展,让广大农民同全国人民一道迈入全面小康社会。到 2035 年基本实现社会主义现代化,大头重头在"三农",必须向农村全面发展进步聚焦发力,推动农业农村农民与国家同步基本实现现代化。到 2050 年把我国建成富强民主文明和谐美丽的社会主义现代化强国,基础在"三农",必须让亿万农民在共同富裕的道路上赶上来,让美丽乡村成为现代化强国的标志、美丽中国的底色。我们要加快补齐"三农"短板,夯实"三农"基础,确保"三农"在全面建成小康社会、全面建设社会主义现代化国家征程中不掉队。

1.3   我国现代农业的发展趋势

1)农业基础地位不变

随着经济社会发展,工业和服务业的产值迅速增长,农业在国民经济中所占的比重不断下降,但农业的国民经济基础地位没有改变。

农业是最主要的为人类提供食物的行业,同时也为部分工业提供原料。马克思在《资本论》中认为农业是提供人类生存和发展所必需的最重要的物质资料的生产部门,其剩余劳动产品是其他非生产部门独立和发展的基础。农业除了为人类生存和发展提供必要物质资料外还为工业加工部门提供加工原料。对任何一个国家而言,粮食安全问题都是影响人民日常生活安全稳定、国家长治久安的重要问题。

农业是农民收入的重要保障,在中国从事农业及与农业相关行业的人口占人口总量的一半以上。

农业产业发展是实现乡村振兴的基础力量,2018 年 3 月,习近平总书记提出"五个振兴",即乡村产业振兴、乡村人才振兴、乡村文化振兴、乡村生态振兴与乡村组织振兴。"五个振兴"强调实现乡村振兴要紧紧围绕现代农业产业发展,促进农村一二三产业融合,建立健全农村产业体系,才能实现产业兴旺的发展目标。

农业在生态环境保护和生态文明建设方面也发挥着基础性作用。农业作为一种人工生态系统,有着与自然生态系统相同或类似的为人类服务的功能,包括固定 CO_2,释放 O_2,减缓温室效应;降解有毒有害物质,拦截沙尘,分解垃圾和其他废弃物,净化空气;拦蓄雨水,减轻水土流失;吸收太阳辐射,蒸发水汽,调节局地气候;为保护生物多样性创造必要的生境;提供市民观赏和休闲。

2)农业空间不断拓展

传统农业以土地为主要生产对象,而在科学技术不断发展的今天,工厂化农业、海洋农业、沙漠农业、太空农业、非耕地高效农业的出现,代表着现代农业的空间范围已经逐步脱离土地的限制,生物技术、信息技术、新材料与能源技术等新技术不断革新与转化应用使农业逐步摆脱土地的限制。

工厂化农业是一种通过工厂化组织方式安排农产品生产的设施农业,广泛应用于农业生产的许多领域,具有高效率、高产出、高效益等特点。工厂化农业采用现代化生产装备、先进技术和科学管理方法,可以摆脱自然条件的制约和影响,改善劳动者的生产环境和工作条件,提高劳动效率和农业生产水平。

海洋农业是指通过培育、养殖、捕捞等方式从丰富的海洋资源中获取人类所需的动植物食品和工业原料的生产活动,主要包括海洋渔业和海水灌溉农业两大部分。现阶段海洋渔业是海洋农业的主要部分,包括海洋动物捕捞和养殖业、海洋植物种植栽培业。海水灌溉则是指在沿海湿地滩涂通过海水灌溉来种植通过现代生物技术培育出的耐盐碱作物的方式,能有效地组合利用丰富的海水资源和沿海湿地滩涂,既能节约淡水,又能拓展耕地。中国仅沿海的滩涂就有 200 多万公顷,也就是 3000 多万亩,盐生植物有

424 种,发展海洋农业具有天然优势。

沙漠农业是指在沙漠地区利用引水、输水和节水等现代科学技术对沙漠环境进行改造,同时利用沙漠环境阳光足、温度高、温差大、土壤透气好的优点,栽种适宜的农作物的农业。沙漠地区干旱少雨,节水技术成为影响沙漠农业发展的关键。此外通过科学技术改良作物品种,使之适应沙漠地区的气候、土壤和水等自然环境,让农业科技创新成果真正服务于农业,提高农业生产效率。

太空农业是指利用航天技术,通过卫星或高空气球携带作物种子、微生物菌种、昆虫等样品,利用太空环境使样品产生变异,再回到地面选育新品种的空间诱变育种或者利用卫星和空间站在太空环境下对农产品进行生产的农业。

非耕地高效农业是现代农业的有机组成部分,指利用现代科学技术和装备,通过现代组织管理和经营方式在不适于耕作的土地上(如砂石地、盐碱地、城市闲置空间)进行生产的方式,使不适于耕作的土地能够产生较好的经济效益、社会效益和生态效益。城市非耕地农业在闲置的非耕地利用温室大棚等现代农业基础设施发展果蔬等特色农产品,可以利用零碎的都市空间发展立体农业,也可以在改善城市生态环境的同时进行适量新鲜蔬菜的补给。

3) 劳动生产率显著提高

劳动生产率是一定时期内劳动者生产产品的数量与劳动消耗的比值。劳动生产率的发展水平由当时社会生产力水平决定。农业劳动生产率的提高取决于生产环节中各经济技术要素的进步。现代农业中劳动生产率逐步提高的主要原因是农业机械化、专业分工协作水平的不断提高以及农村经济合作组织的不断发展。

我国农作物耕种综合机械化水平由 2008 年的 45.8%增长至 2016 年的65.2%。农业机械化水平提高后,农民能够从繁重的体力劳动中解脱出来,增加就业渠道和收入。农业机械化的深入发展提高了农业的生产效率,减轻了农民的体力劳动的负担,降低了劳动强度。信息化技术的广泛应用使农业机械装备迅速向自动化和智能化转变,进一步解放劳动力,体力劳动的重要性进一步弱化。为了适应高质量、降成本、高效率的现代化农业生产需求而出现的新形势,政府帮助提高了一大批新技术成果应用到农业机械装备上的速度,推进了跨领域应用型技术的研究与科技导向型农业产业化的发展,既有利于解放及发展农业生产力,又使农业生产者的操作更为便捷,有利于改善劳动环境,并大大增强了生产中的安全保障。

专业化分工协作也提高了农业劳动生产率。现代农业的本质是通过专业分工的生产方式,通过雇佣生产要素进行农业生产,促进农业商品化、市场化发展,是更为专业化、分工程度更高的农业。分工协作水平的提高加速了农业生产要素在农业产业链条中的流动速度,缩短了循环周期,提高了农业资源的利用效率,获得了更高的农业产出,因此现代农业的劳动生产率也逐渐提高。现代农业分工协作是依靠各类型的农业合作组织完成的。农村各类型的合作组织的出现避免了松散的农户面对市场竞争时的风险,有利于促进现代农业建设、促进农民增收、提高农业综合生产能力;在保证生产资料供应的同时降低了生产成本,增强了农户抵御市场风险的能力,通过专业化经营把农户与市场连接起来,拓宽市场信息的来源渠道,降低市场信息的不对称性对农民利益造成的伤害,有利于农业经营者根据市场需求调整农产品结构,生产适销对路和高附加值的商品,有利于促进农民收入的稳定增长。

4)科技贡献率不断提升

科学技术的创新一直都是推动农业科技进步的决定性力量。农业科技进步既包括自然科学技术上的进步,也包括政策、经营管理服务等社会科学技术的进步。农业科技进步贡献率指的是农业科技进步的成果对农业经济增长率的贡献份额。扣除农业总产值增长率中新增要素投入量产生的总产值增长率之后的余额称为农业科技进步率,农业科技进步率占总增长率的比重就是农业科技进步贡献率。一个时期内农业科技进步率的计算公式如下:

农业科技进步率 ＝ 农业总产值增长率－物质费用产出弹性×物质费用增长率－劳动力产出弹性×劳动力增长率－耕地产出弹性×耕地增长率

《中国农业农村科技发展报告(2012—2017)》显示,中国农业科技进步贡献率由 2012 年的 53.5% 提高到 2017 年的 57.5%,取得了超级稻、转基因抗虫棉、禽流感疫苗等一批突破性成果。主要农作物良种基本实现全覆盖,自主选育品种面积占比达 95%,畜禽水产供种能力不断提升。《2017 中国农业科技论文与专利全球竞争力分析》显示:2014 至 2016 年间,中国农业发明专利申请量、论文产量均排在世界各国前列,农业科技论文的国际影响力较高,被引量在全球排名第二。中国农业科技进步主要依靠自然科技的创新应用所带来的技术进步。技术效率和规模报酬效益也都对我国的农业技术进步贡献率有重要影响。在目前情况下,农业科技进步带来的经济增长已经逾越全部要素投入(资本、劳动、土地等)带来的增长之和,成为促进农业经济发展的最主要驱动力。另外,它也标志着我国的农业经济增长方式开始由主要依靠要素投入为标志的粗放型增长向依靠科技进步为支撑的集约型增长转变,科技进步推动经济发展呈现不断上升的趋势,说明农业科技进步已经稳定支持着我国的农业经济增长。

5) 农业功能多元化

农业的多功能性是指,农业除了生产功能之外,还具有生态、社会、文化教育等多种功能。1996 年《罗马宣言和行动计划》中明确提出将考虑农业的多功能特点,促进农业和乡村可持续发展。1999 年 9 月,联合国粮农组织在马斯特里赫专门召开了 100 多个国家参加的国际农业和土地多功能性会议。同年,日本颁布了《粮食·农业·农村基本法》,强调农业除具有经济功能外,还同时具有社会功能、生态功能和政治功能等多种功能。2007 年,中央"一号文件"提到我国农业的发展模式:"农业不仅具有食品保障功能,还具有原料供给、就业增收、生态保护、观光休闲和文化传承的功能。建设现代农业,必须注重农业的多功能开发,向农业的广度和深度进军,注重农业的不断升级优化。"

6) 农村一二三产业融合发展

2015 年,中央"一号文件"首次提出了农村一二三产业融合发展,这使得"三产融合"得到了国家政策的支持,这对于改变我国农业发展方式、优化产业结构、推动农业现代化、实现农业增产和农民增收具有重要作用。农业生产将从单纯生产向种养结合、产销一体、生产和服务融合的方向发展。

三产融合促成了农村新业态、新技术、新要素和新模式的发展。在新业态方面,农村一二三产业通过融合衍生一些新的产业,实现农村原有产业体系的不断完善和拓展。农村三产融合的新业态已经从简单的传统农业生产向工厂化农业,进而向生态农业、休闲农业、创意农业、会展农业等方向延伸出多种业态形式。在新技术方面,推动农业所需土地、资本与人力等资源有效使用,形成成倍效益产出的核心要素是现代信息技术。新技术不断向传统农业渗透,转变传统农业生产方式,促进了新的产品形式的形成。"互联网＋现代农业""智慧农业""精准农业"等新产业与新产品就是农村第二产业的技术与第三产业的信息服务等向传统农业渗透的结果。在新要素方面,传统农业主要由资本、劳动、技术等要素构成,而农村三产融合发展则需要包括信息、研发、咨询、管理、金融、服务等新要素的补充和构成。另外,农村三产融合发展不仅仅要求具备新要素,还要求对新要素进行有效整合、加快流转以实现要素的合理配置和充分利用,并发挥出 $1+1>2$ 的要素倍化作用。在新模式方面,不同的新型经营主体经营,同一经营主体参与农村一二三产业等不同产业环节以及具有不同的资源禀赋的不同业态形式是农村三产融合发展的新内容。这些新内容推动农业经营主体从简单的"生产型"向"经营型"及"综合型"转变,从而形成更新的农业经营与管理模式。此外,农村三产融合发展还呈现出通过延伸产业链实现产加销、贸工农一体化,实现土地、劳动力与资金等要素重新配置,以及形成利益共享、风险共担利益共同体的新特征。

在国家产业融合支持政策和示范性平台的带动下,生产要素重新配置带动的供给结构变化和消费升级带动的需求变化,推动了农业产业链条不断延伸和农业功能不断拓展,农村一二三产业融合将迎来大发展时期。

7）产业布局区域化

产业布局区域化是指各主导产业按照比较优势原则,在某一地域或地区发生集聚,进行要素配置,降低生产成本,产生规模效应的现象。专业化生产的发展、工业化的形成、交通设施的改善以及商品化程度等都是促进产业布局区域化发展的重要因素。产业布局区域化是自然条件、经济社会发展、市场的发展成熟、科学技术进步以及持续发展的适度性共同发展的结果,与劳动力素质、资源状态、政府宏观调控等因素息息相关,是一个国家整体经济社会进步的标志。经济社会的发展和科技的进步扩大了农作物的种植范围和种禽饲养范围,为产业布局区域化发展提供了基础条件,比较优势下的专业化市场的发展促进了农业专业化、区域化生产的形成与发展。

19世纪60年代以前,商品性农业的发展推动美国形成了南部植棉、中部产粮、东北部饲养家禽等的格局。在此之后,由于国家工业化的实现、交通网络的形成和农业商品化程度的提高,农业区域化获得了进一步发展的空间,提高了农场的生产专业化水平。20世纪40年代,技术上和组织上的改造帮助美国农业专业化快速发展,推动当地农业专业化发展产生了质的飞跃,深入推进了地区专业化和企业专业化的发展,带来了新的、先进的、专业化的发展。到了当代,伴随着美国农业的市场化程度进一步提高,农业内部的社会分工也更加成熟,种植业、畜牧业、林业、渔业早已发展成为独立的产业。与美国农业企业的专业化生产发展的新情况相适应,更多生产、加工、销售一条龙服务的农业企业开始涌现,促进了美国目前的农业产业布局状况的形成。

我国优势农产品生产日益向优势区域集聚,"大而全、小而全"的生产格局进一步打破。粮食作物九大优势产业带初步形成,2007年水稻、小麦、玉米、大豆集中度分别达到98%、80%、70%和59%。经济作物优势区域在全国地位稳步上升,棉花、甘蔗、苹果、柑橘集中度分别达到99.9%、63%、50.7%和54%。养殖业优势区域加快发展,肉牛和肉羊优势产区地位继续巩固;奶牛优势区域涉及的内蒙古、黑龙江、河北、山西、北京、天津、上海等7省市奶牛存栏量占全国比重达到50%;东南沿海优势出口水产品养殖带、黄渤海优势出口水产品养殖带、长江中下游优质河蟹养殖区"两带一区"布局趋于稳定,大黄鱼、罗非鱼和鳗鲡集中度均已超过80%。特色农产品生产的区域化、规模化、专业化水平显著提升,一批新的优势产业区稳步发展壮大,区域资源得到合理高效利用,比较优势进一步巩固,各区域农业主体功能不断强化,分工合理、优势互补、各具特色、协调发展的特色农产品区域布局正在形成。四川省已初步形成川西"稻菜""稻菇"轮作产业带、川西南茶叶产业带、龙门山脉优质红心猕猴桃集中发展区。浙江省基本形成了沿杭州湾加工蔬菜产业区,沿海锯缘青蟹等特色水产养殖带,会稽山脉和天目山脉的香榧、山核桃等特色干果产业区,丘陵山地的杨梅、枇杷、名优茶、食用笋、山茶油等特色农产品产业区,并形成了珍珠、中药材、食用菌、花卉、龟鳖、蛋鸭等特色农产品产业集聚区。云南省初步形成了以滇中、滇东北为主的花卉、中药材产业区,以滇南、滇西南为主的茶叶、咖啡等特色饮料产业区,以滇西、滇西北为主的畜牧、药材产业区,以滇南、滇东南为主的热果、药材产业区。重庆市初步形成了以涪陵、黔江为主的蚕桑产业区,以永川、荣昌为主的笋竹产业带,以九龙坡、北碚为主的花卉苗木产业区。安徽省形成以皖南和皖西为主的蚕茧产业区。陕西省强力实施果业提质增效工程,建成秦岭北麓、渭河以南百万亩猕猴桃优势产业带,面积、产量居世界第一。

　　8)*产业服务社会化*

　　为农业生产提供一系列关于设施、技术、信息等相关的服务都可以被称为农业社会化服务。在传统农业中,农户自己可以完成简单的农业生产环节,生产效率很低,能够完成耕种的土地数量也很有限。随着经济的发展,产品技术的复杂程度与市场要求的日益增加,专业化分工也更加深入,农业经营主体简单的农业生产已不能满足市场需求。为了提高生产经济效率,农业经营主体需要专业服务组织提供各种各样的社会化服务,满足其生产所需,获取有效市场信息,提高经营性收入。

　　随着社会经济的发展,农业产业社会化服务呈现全方位、多层次的特点。在服务对象上,由单独向农户提供服务向大面积区域提供服务转变;在内容上,由简单的提供农用机械等单项服务到提供"从种到收、从产到销"等一系列服务转化;在服务主体方面,政府等涉农部门引导多元化农业服务机构发展,积极引导多类型的农业社会化服务组织,针对农民最需求的生产环节和销售环节中的社会化服务加以政策扶持和资金投入,提高服务质量和内容,切实解决农民生产经营中遇到的问题;在服务管理上,对服务质量统一标准,明确奖惩手段,引进和培育专业化管理人才,提高服务专业化水平。

　　农业产业服务社会化是帮助解决"三农"问题、实现乡村振兴的重要手段。党的十九大报告指出要"构建现代农业产业体系、生产体系、经营体系,完善农业支持保护制度,发展多种形式适度规模经营,培育新型农业经营主体,健全农业社会化服务体系,实现小农户和现代农业发展有机衔接"。2019 年,中央"一号文件"也指出加快培育各类社会化服务组织,为一家一户提供全程社会化服务,要调整优化农业结构,推进农业由增产导向转向提质导向。随着经济社会的发展,目前中国农业生产成本上升,资源环境约束明显,农民增收困难。建立健全农业产业社会化服务体系有助于解决"三农"问题,提高农业生产效率,调整农业产业结构,促进现代农业深入发展。

1.4 现代农业的主要任务与发展目标

1.4.1 现代农业的主要任务

以提供食物为核心,农业具有多方面的功能,但在不同国家、不同地区、不同时期,人们对农业功能的需求有所侧重,这关系到如何引导和发展农业。我国当前正在工业化、城镇化已经有较高水平的背景下发展现代农业,在决定如何发展现代农业之前,一定需要首先明确我国现代农业的主要任务是什么,明确了任务,就有了方向。根据我国经济社会发展的阶段特征和主要任务,结合农业本身具有的功能,我国现代农业的主要任务包括以下四个方面,也可以理解为发展现代农业主要就是为了解决以下四个问题。

1) 保障粮食安全

粮食安全的概念是由联合国粮农组织在1974年的世界粮食大会上提出的,其基本的定义为"保证任何人在任何时候都能得到为了生存和健康所需要的足够食品"。1983年,粮农组织将其概念进行修改,提出粮食安全的目标为"确保所有的人在任何时候既能买得到又能买得起所需要的基本食品"。随着社会的不断发展进步,粮食安全概念的内涵不断得到发展和丰富,但体现粮食安全的几个核心因素即数量、价格、流通、质量始终没有变。粮食是否安全,首先要看能否保证粮食生产总量,能否满足市场的需要;其次,要看价格是否合理,生产者与消费者是否都能接受其价格,是否都能从中受益;再次,要看流通是否顺畅,能否及时满足各地的粮食需要;第四,要看质量是否有保障,能否满足人们营养全面、结构合理、卫生健康的需求。

保障粮食安全对我国经济社会持续稳定发展的意义主要体现在三方面:其一,粮食是国民经济基础的基础。新中国成立以来几十年间,国民经济几次大的波动与调整都与粮食生产徘徊有关。从一般规律来看,粮食供给平衡或持续增长时期,比如20世纪80年代中期和90年代初期,都推动了国民经济持续稳定增长;反之,粮食生产和供给出现波动徘徊,必然导致国民经济失速停滞。强化农业的粮食供给能力是确保国民经济协调发展的需要。其二,粮食是当今世界上重要的战略性资源。我国既是粮食生产大国,也是粮食消费大国。从供给能力看,未来我国粮食供需将长期处于紧平衡状态;而从国际资源看,全球粮食贸易量仅为我国粮食消费总量的一半左右。换言之,我国粮食进出口增减 1 个百分点,将会影响全球粮食贸易量 2 个百分点。其三,粮食在危机状态下的不可替代性。应确保一定的粮食自给能力,增强危机状态下的粮食安全保障。仅就满足供给而言,一个时期一定数量的粮食进口可能是廉价的替代方式,但较高的自给率对粮食安全的影响是不能替代的。保持较高的自给率可以增强危机状态下粮食的可获得性。我国国情决定了我们只能立足国内资源解决粮食问题,因此强化农业的粮食供给功能、提高粮食综合生产能力构成了我国农业发展最重要的任务。

　　2)供给其他重要农产品

　　其他重要农产品是指除粮食以外的重要食物类农产品和重要工业原料类农产品。重要食物类农产品主要包括油料、糖料、肉类、蛋类、奶类、蔬菜、水产类农产品;重要工业原料类农产品主要包括棉花、毛皮类和橡胶。随着人们生活水平的提高,肉类、蛋类、奶类、蔬菜等食物已成为人们食物结构中基本的组成部分,这些农产品的稳定安全供给已成为社会经济稳定发展的重要影响因素。同时,重要工业原料类农产品的稳定供给也是国民经济发展的重要基础。由于产业间广泛存在的后向联系和前向联系,长期以来,农业提供的原料性产品不仅支撑着国内工业的发展,而且为国家外汇获取做出了巨大贡献。但是,我们也注意到相对于国内工业对农产品原料生产的巨大需求,特别是相对于国内强大的农产品加工能力,我国农业的原料贡献能力明显不足,需要大量进口来弥补,从而反证了农业原料供给的重要性。比如我国最大宗进口农产品,进口量排在第一位的是大豆,2014 年达到了7000 多万吨。农产品原料进口,一是数量大。大豆进口量相当于国内需求量的 90%,棉花大量进口导致国内棉花价格和种植面积大幅波动,年际间面积增减 1000 万亩左右,价格年际间波动幅度超过 40%。二是增长迅速。由于大量的农产品,特别是作为原料的农产品进口增长迅速,致使我国农产品贸易由多年的净出口变为净进口,2015 年农产品贸易逆差高达 462 亿美元。因此,确保农业的产品供给,不仅要确保食品和粮食供给,而且要确保农产品原料供给,这是国民经济持续发展对农业的基本要求。

3）增加农民收入

在城市化之前,农民的收入几乎全部来自农村,随着工业化和城市化的推进,农业劳动力不断从农业转移到其他产业,最初主要是季节性转移,后来是完全转移,再后来是全家转移。在这个转移过程中,农民来自非农业的收入比重逐渐提高,农业对农民的收入贡献逐渐下降。尽管如此,基于以下三点原因,通过发展现代农业以增加农民收入仍然至关重要。第一,农业作为国民经济的基础,保持农业的健康稳定发展是重大国家战略,农民收入的不断提高、城乡收入差距的不断缩小是确保农业健康稳定发展的基本前提;第二,尽管随着我国城市化的不断推进,会有更多的人口流向城市,但未来农村仍会保留相当数量的农民,这些农民需要有现代农业的发展以支撑他们稳定的生产生活;第三,我国人口众多,就业问题始终是重大的民生问题,而农业始终是一个吸纳大量劳动力就业的产业。

农业对农民收入的贡献主要包括农民的自主经营收入和农民的农业就业收入。农业的长期稳定发展有赖于农业经营效益的不断提高,农业经营效益提高了,才有可能激发农业经营者的积极性。而就当前的情况来讲,提高农业的经营效益可以激发农民经营农业的积极性,这包括采用现代要素的积极性和加大投入的积极性,从而可以推动农业的现代化发展。提高农业经营效益主要有三条路径:第一,为保障那些效益低但又很重要的农产品,可以通过政策的补贴来提高经营的效益;第二,引导农民调整农业生产结构,在保障重要农产品供给的情况下,大力发展经济效益高的农业产业;第三,改善农业生产条件,提高农业生产的现代化水平,增强农业的市场竞争力,也可提高农业经营效益。

4）带动乡村发展

尽管随着城市化的不断推进,我国乡村人口会逐渐减少,但乡村建设仍具有重要的意义。首先,我国农村地域广阔、资源丰富、生态良好,在国家完成城市化后,将仍有 20%～30% 的人口居住在农村,乡村建设首先是为农村居民服务;其次,乡村作为承载农业的主要区域,建设好的乡村将更好地服务于农业人口,保障农业人口的稳定,从而确保农业的健康稳定发展;最后,乡村也是未来城市居民休闲观光旅游的重要目的地,乡村建设好了,一方面可以提高城市居民的生活品质,另一方面也可以增加农村居民的收入。

发展现代农业主要可以通过四个方面带动乡村发展。第一,现代农业的发展可以提高农业经营者的收入,农业经营者收入的提高可以为乡村发展持续提供资金支持;第二,现代农业发展一般意味着主导产业的深化发展,这将带动一二三产业的融合发展,这将为乡村发展带来人才、资本和市场;第三,现代农业的发展可以围绕主导产业进行多功能开发,多功能的开发不仅可以提高产品的附加值、提高经营者的收入,也可以吸引更多的城市居民到农村,增加乡村的人气;第四,现代农业发展也将带动农业服务业的发展,农业服务业的发展可以吸引更多的人参与到现代农业经营中,使现代农业成为各相关产业的聚集点,为乡村建设提供持续动力。

1.4.2　现代农业的发展目标

2016 年 10 月,国务院印发的《全国农业现代化规划(2016—2020 年)》的指导思想提出,现代农业发展要"以提高质量效益和竞争力为中心,以推进农业供给侧结构性改革为主线,以多种形式适度规模经营为引领,加快转变农业发展方式,构建现代农业产业体系、生产体系、经营体系,保障农产品有效供给、农民持续增收和农业可持续发展,走产出高效、产品安全、资源节约、环境友好的农业现代化发展道路,为实现'四化'同步发展和如期全面建成小康社会奠定坚实基础"。在发展目标中进一步提出:"到 2020 年,全国农业现代化取得明显进展,国家粮食安全得到有效保障,农产品供给体系质量和效率显著提高,农业国际竞争力进一步增强,农民生活达到全面小康水平,美丽宜居乡村建设迈上新台阶。东部沿海发达地区、大城市郊区、国有垦区和国家现代农业示范区基本实现农业现代化。以高标准农田为基础、以粮食生产功能区和重要农产品生产保护区为支撑的产能保障格局基本建立;粮经饲统筹、农林牧渔结合、种养加一体、一二三产业融合的现代农业产业体系基本构建;农业灌溉用水总量基本稳定,化肥、农药使用量零增长,畜禽粪便、农作物秸秆、农膜资源化利用目标基本实现。"并设置了粮食供给保障、农业结构、质量效益、可持续发展、技术装备、规模经营和支持保护等 7 类指标。

根据现代农业发展趋势,结合现代农业规划目标,现代农业的发展目标主要包括以下几个方面。

（1）安全化。安全化是现代农业的首要目标和核心目标，包括数量安全和质量安全，通俗地说就是要吃得饱、吃得好和吃得健康。这要求农产品的品种、数量和质量要能满足人们不断变化的需求。我国在实践中推行的米袋子省长负责制和菜篮子市长负责制就是现代农业追求安全化的具体体现。

（2）规模化。规模化要求单个经营主体或单一农业品种的生产要到达一定的数量，意味着单个劳动力所支配的生产资料更多，可以更广泛地应用机械装备，从而使效率和效益的提高得到保障。考虑到我国人均土地资源和劳动土地资源有限，在确定农业生产规模时，尤其是涉及土地规模时，不能仅仅考虑效率和效益的最优规模，还要考虑农户的经营和就业保障，所以我们提倡适度规模经营，而不是一味地求大。

（3）组织化。组织化是农业产前、产中和产后内部和之间的协同，也是家庭制度、规模需求、风险条件等因素共同作用的结果。我国农业组织创新模式大致可以概括为四种：一是依托农村土地流转扩大农业经营规模，发展种养大户、家庭农场、合作农场或公司农业；二是通过农民合作社架设联结农户与市场的桥梁，组织农户发展现代农业；三是发展龙头企业引领现代农业发展和农业产业化经营，形成构建现代农业产业体系的重要主体；四是面向农业专业化、市场化、产业化的服务需求，形成农民经纪人、农民专业协会、专业服务公司等新型农业服务主体，带动农户走向市场。

（4）产业化。产业化要求以市场为导向、以经济效益为中心、以主导产业和产品为重点，优化组合各种生产要素，实行区域化布局、专业化生产、规模化建设、系列化加工、社会化服务、企业化管理，形成种养加工、产供销、贸工农、农工商、农科教一体化经营体系。农业产业化是农业市场化以及市场竞争日趋激烈的结果，是提升市场竞争力的重要路径。

（5）标准化。标准化要求运用"统一、简化、协调、优选"原则，把先进的生产技术和成熟的经验组装成农业标准，并通过标准的制定和实施，对农业全产业链各个环节进行标准化生产和管理，达到农产品生产和农副产品加工优质、高产、高效、安全的目标。农业标准化是促进农业结构调整和产业化发展的重要技术基础，是规范农业生产、保障消费安全、促进农业经济发展的有效措施。

（6）设施化。设施化是在环境相对可控条件下，采用工程技术手段进行动植物高效生产的一种现代农业方式。设施农业涵盖设施种植、设施养殖和设施食用菌等。发展设施农业是解决我国人多地少制约可持续发展问题的最有效技术工程。

（7）装备化。装备化要求应用融合生物和农艺技术，集成机械、电子、液压、信息等技术的自动化、信息化、智能化的装备。农业装备是不断提高土地产出率、劳动生产率、资源利用率，实现农业现代化最基本的物质保证和核心支撑。近年来，我国农业装备产业快速发展，已成为世界最大的农业装备生产和使用大国。但占市场需求 90% 以上的国产农业装备为中低端产品，不能全面满足现代农业发展的需要。

（8）智能化。智能化要求充分应用现代信息技术成果，集成物联网技术、大数据、无线通信技术及 3S 技术［遥感系统（RS），全球定位系统（GPS），地理信息系统（GIS）］实现农业可视化、远程诊断、精准感知、灾变预警等智能化管理。现代农业智能化包含了育种育苗、植物栽种管理、土壤及环境管理、农业科技设施等多个方面实施程序化和计算机软件的参与。随着大数据、云计算和人工智能技术的不断进步，这类高新科学技术在现代农业中的应用更加广泛。

（9）品牌化。品牌化是指经营者通过取得相关质量认证和相应的商标权，通过提高市场认知度，以及在社会上获得了良好口碑的农业类产品，来获取较高的经济效益。随着生活水平不断改善以及农产品供需关系和消费者生活方式的转变，产品市场也释放出消费变革的巨大需求，消费者对农产品的多元化、品质化、个性化消费逐渐成为主流，消费者对农产品的要求不再是质优价廉，而是对农产品品种、品质、品牌提出了更高要求。针对农业品牌化建设，农业农村部专门启动实施了全程标准化的无公害农产品、绿色食品、有机农产品和地理标志农产品（简称"三品一标"）认证登记工作，该工作是现代农业发展过程中的重要内容，也是品牌农业发展的载体。

（10）绿色化。绿色化是指一切有利于环境保护、有利于农产品数量与质量安全、有利于可持续发展的农业发展形态与模式，是将农业生产和环境保护协调起来，在促进农业发展、增加农户收入的同时保护环境、保证农产品的绿色无污染的农业发展类型。绿色农业涉及生态物质循环、农业生物学技术、营养物综合管理技术、轮耕技术等多个方面。

第 2 章 现代农业产业体系

现代农业产业体系是产业横向拓展和纵向延伸的有机统一,重点解决农业资源要素配置和农产品供给效率问题,是现代农业整体素质和竞争力的显著标志。农业产业是对不同种类农产品生产的概括,由于不同农业产业的产品、技术和资源不同,大多数农业发展措施是针对不同的农业产业的,需要了解主要农业产业的特点、区域布局和发展方向。另外,与农业产业相关的还有农业生产的延伸产业——农产品加工业,以及农产品的生产、加工、销售、体验等一二三产业融合的新业态,这些产业通过延伸农业生产环节,在更好满足社会需求的同时,具有扩大农产品市场、增加就业和提高农业效益的重要意义。

2.1 农业产业体系及其影响因素

2.1.1 农业产业体系的影响因素

农业产业体系是各种利用农业资源为消费者提供农产品或服务的产业组成的一个有机整体,涉及每个产业的状况(纵向延伸)和产业之间的关系(横向拓展)。从满足消费需求和产品特点的角度,根据我国的实际情况,我国的农业产业体系包括粮油类产业、菜篮子产业和特色农产品产业。不同时期农业产业体系中每个产业的具体状况以及产业的结构情况也不一样,农业产业体系主要受市场需求、资源状况和技术水平的影响。

(1)市场需求。现代农业产业体系的一个重要特征是能够及时对市场需求作出反应,为消费者提供符合需要的农产品和服务。市场需求既推动了现代农业产业体系的产生和发展,也在一定程度上对其产生约束;从市场规模来看,庞大的市场有助于整个产业获得规模经济并降低产品成本,能够吸引更多的经营主体同时进入同一个产业,维持产业内部良好的竞争状态;从市场成长性来看,快速成长的市场可以鼓励企业扩大投资、果断地引进和更新设备,推动产业的技术进步。现代农业产业体系需要对市场需求作出及时的、正确的反应,满足市场对农产品数量、质量、文化以及生态环境等方面的需求。

(2)资源状况。这主要是由自然条件和社会经济基础的差异造成的。美国的农业现代化首先是从提高劳动生产率的农业机械化开始的,其原因是土地资源十分丰富,而劳动力资源相对不足。日本的农业现代化始于提高土地生产率的良种化、化学化,其原因在于土地相对稀缺,而劳动力相对充足。当然,在社会经济发展的过程中,美国与日本的农业技术手段也得到了相应的发展,更加适应现代农业对提高土地生产率与劳动生产率的要求。中国地域辽阔,各地的经济发展水平和自然条件差别巨大,这就决定了各地现代农业产业体系的建设必须充分考虑本地的自然经济特点。

(3)技术水平。现代农业是依靠现代生产技术要素支撑的科学化农业,是需要长期稳定的金融政策支持和保护的农业,是需要建立标准化、信息化管理的有序可控农业,强调以农业科学研究开发体系、技术推广体系和人才发展体系组成的农业知识创新体系为支撑。因此,现代农业产业体系要更加注重初级生产要素与高级生产要素的合理利用问题。随着农业产业的不断升级以及产业链的不断延伸,现代农业的整体效益不仅与自然生产要素相关,更主要的是取决于科技、信息等高级要素的投入。

2.1.2　现代农业的主要资源

1)土地资源

宏观角度的农用土地资源是融合了水、气候和生物资源的综合体,不同区域土地资源所包含的这些要素有不同的性状,从而影响农业动植物的分布,这构成了农业区划的基础。由于生存于各种不同自然环境中的多种动植物都可为农业所利用,所以需要从不同角度对农业土地资源进行分类,以便科学地进行农业区域布局。

（1）地形的分类。根据地形，即地势高低起伏的变化，土地分为平原、丘陵、山地、盆地、高原五大基本地形，这种分类属于土地资源的宏观分类方法。

陆地上海拔较低、地面起伏比较小的地区称为平原，平原相对高度一般不超过 55 米，坡度在 5°以下，海拔一般在 200 米以下。世界著名平原有亚马逊平原、东欧平原、西西伯利亚平原、拉普拉塔平原、图兰平原、北美大平原、恒河平原、中国东北平原、中国华北平原（又称黄淮海平原）、印度河平原等。东北平原、华北平原和长江中下游平原是我国的三大平原。由于地势平坦，平原的农业生产条件是最好的，人类也多起源于平原地区。

丘陵海拔一般在 250～550 米，相对高度一般不超过 210 米，高低起伏，坡度较缓，由连绵不断的低矮山丘组成。

山地的地表形态按高程和起伏特征定义为海拔 500 米以上，相对高差 200 米以上。

四周高（山地或高原）、中部低（平原或丘陵）的盆状地形称为盆地。地球上最大的盆地是刚果盆地，面积约相当于加拿大的 1/3，这是非洲重要的农业区，盆地边缘有着丰富的矿产资源。我国四大盆地指位于我国地势第二阶梯的三个内陆盆地和第一阶梯的一个内陆盆地，分别是新疆维吾尔自治区南部的塔里木盆地和北部的准噶尔盆地、四川盆地以及青海西北部的柴达木盆地。

高原海拔高度一般在 1000 米以上，面积广大，地形开阔，周边以明显的陡坡为界。它以较大的高度区别于平原，又以较大的平缓地面和较小的起伏区别于山地。世界上最高的高原是青藏高原，面积为 240 万平方公里，平均海拔为 4000～5000 米，有"世界屋脊"之称。中国地势西高东低，内蒙古高原、黄土高原、云贵高原与青藏高原并称为"四大高原"。

（2）土壤的分类。土壤是地球表面的一层疏松的物质，由岩石风化而成的矿物质、动植物与微生物残体腐解产生的有机质、土壤生物（固相物质）、水分（液相物质）、空气（气相物质）、氧化的腐殖质等组成。根据土壤的成分和结构，土壤总体上可分为砂质土、黏质土、壤土三类。砂质土含沙量多，颗粒粗糙，渗水速度快，保水性能差，通气性能好；黏质土含沙量少，颗粒细腻，渗水速度慢，保水性能好，通气性能差；壤土含沙量一般，颗粒一般，渗水速度一般,保水性能一般,通气性能一般。

（3）土地利用类型。由于中国自然条件复杂,土地资源类型多样,经过几千年的开发利用,逐步形成了现今的多种多样的土地利用类型。根据国家土地利用现状分类标准(GB/T 21010—2007),我国农业土地资源的利用类型主要包括耕地、园地、林地和草地四大类,具体如表 2-1 所示。

表 2-1　我国主要的农业土地利用类型

大类	小类	含义
耕地	水田	指用于种植水稻、莲藕等水生农作物的耕地,包括实行水生、旱生农作物轮种的耕地
	水浇地	指有水源保证和灌溉设施,在一般年景能正常灌溉种植旱生农作物的耕地,包括种植蔬菜的非工厂化的大棚用地
	旱地	指无灌溉设施,主要靠天然降水种植旱生农作物的耕地,包括没有灌溉设施、仅靠引洪淤灌的耕地
园地	果园	指种植果树的园地
	茶园	指种植茶树的园地
	其他园地	指种植桑树、橡胶、可可、咖啡、油棕、胡椒、约材等其他多年生作物的园地
林地	有林地	指树木郁闭度不小于 0.2 的乔木林地,包括红树林地和竹林地
	灌木林地	指灌木覆盖度不小于 40% 的林地
	其他林地	包括疏林地、未成林地、迹地、苗圃等林地
草地	天然牧草地	指以天然草本植物为主,用于放牧或割草的草地
	人工牧草地	指人工种植牧草的草地
	其他草地	指树木郁闭度小于 0.1,表层为土质,生长草本植物为主,不用于畜牧业的草地

2）水资源

农业水资源是可为农业生产使用的水资源,包括降水、地表水、地下水和土壤水。其中,土壤水是可被旱地作物直接吸收利用的唯一水资源形式,地表水、地下水只有被转化为土壤水后才能被作物利用。经必要净化处理的废污水也是一种重要的农业用水水源。大气降水被植物截留的部分也可视作农业水资源。

3)气候资源

气候资源是指能为农业生产提供物质和能量的气候条件,即光照、温度、降水、空气等气象因子的数量或强度及其组合。具有年日周期的循环性、时空变化的不稳定性,可反复利用,以及随农业发展阶段而变化等特性。它在一定程度上制约一个地区农业的生产类型、生产率和生产潜力。农业气候资源的构成包括生长季的太阳总辐射、光合有效辐射、日照时数、各种农业界限温度初终日期和积温及其持续日数、无霜期、生长季降水量、土壤湿度、空气湿度、风、二氧化碳浓度等,其中以光照、温度、降水三者最为重要。根据地区农业气候资源的构成特点确定最适宜的农业类型和种植制度,并在引种时遵循农业气候相似原则,是合理利用农业气候资源的重要途径。

4)生物资源

农业利用动植物生长机能获取产品,土地、水和气候是这些动植物的生产环境,而动植物本身构成了生物资源的主体。生物在自然选择和本身的遗传与变异共同控制下,不断地发生分异与发展,旧种逐渐灭亡,新种相继产生,不断演化和发展而形成今日地球繁荣的生物界。物种的数量以热带地区最多,向两极逐渐减少。过去的物种灭绝大都是自然发生的,但近400年来,人类活动的影响日趋加剧,导致了大量人为的物种灭绝。生物资源包括基因、物种以及生态系统三个层次,自然界中存在的生物种类繁多、形态各异、结构千差万别,分布极其广泛,对环境的适应能力强,如平原、丘陵、高山、高原、草原、荒漠、淡水、海洋等地都有生物的分布。已经鉴定的生物物种约有200万种,据估计,在自然界中生活着的生物约有2000万~5000万种。

生物资源包括动物资源、植物资源和微生物资源三大类,其中,动物资源包括陆栖野生动物资源、内陆渔业资源、海洋动物资源,植物资源包括森林资源、草地资源、野生植物资源和海洋植物资源,微生物资源包括细菌资源、真菌资源等。从研究和利用角度,通常将生物资源分为森林资源、草场资源、栽培作物资源、水产资源、驯化动物资源、野生动植物资源、遗传基因(种质)资源等。

5) 劳动力资源

农业劳动力资源是能够从事农业劳动的劳动力的数量与质量的总和。影响一个国家农业劳动力资源的因素主要有两个方面,一方面是自然因素,农业劳动力资源受到农业人口自然增长率和达到或超过劳动年龄而自然减员的影响;另一个方面是社会因素,经济社会的发展程度和采取的人口政策对农业劳动力资源会产生较大程度的影响。

长期以来,受到城乡二元体制的影响,农业劳动力长期存在大量过剩的现象。但是随着二元体制的逐步解除和城市经济的发展,中国人口结构也正在逐渐发生变化,劳动年龄人口增长缓慢,其他产业部门开始吸纳大量劳动力,引起了农业劳动力短缺。这种现象造成了农业劳动力成本的持续上涨。随着中国城市化水平的不断提高,农村青壮年劳动力不断向城市转移,从而导致农村剩余劳动力不足。青壮年男性劳动力外出打工,多是由老弱妇孺留守农村,进行田间管理。

6) 资本资源

农业资本资源就是可用于农业生产和经营投入的各种资本,按照农业资金的来源(或投资主体),农业资本资源主要包括以下几种。

(1) 农户资金。农户是最主要的农业生产主体,也是农业资金最主要的投资主体。农户用于农业的资金涉及农业的生产、销售等环节几乎所有的私人农业支出。农户资金主要来源于农户在农业经营中的积累,也有少部分来自农户通过农业外的工资收入和经营收入。受到自身积累能力的影响,单个农户的资金规模是比较有限的。

(2) 农业财政资金。农业财政资金是政府为农业发展而预算的各项农业支出,包括农业科研推广、农业基础设施、农业公共服务等公共支出以及为支持和调控农业而发放的各种农业补贴。农业财政资金的使用一般是无偿的,直接由政府财政预算并拨付。

(3) 农业信贷资金。农业信贷资金是金融机构或个人给农业生产者融资所形成的各种农业贷款。农业信贷资金可以用于公共投资领域,也可以用于农业私人投资领域,或者是政策性的。但农业信贷资金的使用一般是有偿的,到期要偿还本金并支付一定的利息。

(4)企业或其他经济组织投入的农业资金。除了农户以外,农业企业也是农业的一种经营主体,农业企业的投资也是农业资金的重要来源。另外,农村集体经济组织、农业合作组织等,也在与农业的紧密联系中成为农业资金的投资主体。

(5)国外农业资金。随着经济开放和资本的国际流动,来自国外的资本成为农业资金的一个新来源。国外农业资金一是来自国际经济组织的资金,如联合国、世界银行等;二是来自政府间的援助或农业投资项目;三是国外的金融机构、公司或个人进行的农业投资。

2.1.3 农业产业的区域布局

随着社会经济、科学技术的不断进步和产业分工逐渐深入发展,大量具有分工合作关系的不同规模、等级的经营主体在相同的区域聚集,企业之间联系加强,区域资源的利用率得到了很大提升,形成一个良好的产业生态,产生集群效应。大量的产业集群促进了产业区域化的发展趋势,推动了专业化、规模化的发展。农业产业集群化发展是农业产业发展的必然趋势。

为优化农业生产布局,聚焦主要品种和优势产区,实行精准化管理,2017年国务院出台了《关于建立粮食生产功能区和重要农产品生产保护区的指导意见》。力争用3年时间完成10.58亿亩"两区"地块的划定任务,做到全部建档立卡、上图入库,实现信息化和精准化管理;力争用5年时间基本完成"两区"建设任务,形成布局合理、数量充足、设施完善、产能提升、管护到位、生产现代化的"两区",使国家粮食安全的基础更加稳固,重要农产品自给水平保持稳定,农业产业安全显著增强。

1)粮食生产功能区

划定粮食生产功能区9亿亩,其中6亿亩用于稻麦生产。以东北平原、长江流域、东南沿海优势区为重点,划定水稻生产功能区3.4亿亩;以黄淮海地区、长江中下游、西北及西南优势区为重点,划定小麦生产功能区3.2亿亩(含水稻和小麦复种区6000万亩);以松嫩平原、三江平原、辽河平原、黄淮海地区以及汾河和渭河流域等优势区为重点,划定玉米生产功能区4.5亿亩

（含小麦和玉米复种区 1.5 亿亩）。

　　2）重要农产品生产保护区

　　划定重要农产品生产保护区 2.38 亿亩（与粮食生产功能区重叠 8000 万亩）。以东北地区为重点，黄淮海地区为补充，划定大豆生产保护区 1 亿亩（含小麦和大豆复种区 2000 万亩）；以新疆为重点，黄河流域、长江流域主产区为补充，划定棉花生产保护区 3500 万亩；以长江流域为重点，划定油菜籽生产保护区 7000 万亩（含水稻和油菜籽复种区 6000 万亩）；以广西、云南为重点，划定糖料蔗生产保护区 1500 万亩；以海南、云南、广东为重点，划定天然橡胶生产保护区 1800 万亩。

2.2　粮油产业及其布局

　　粮油产业包括粮食和油料产业。粮油是人类三大营养物质碳水化合物、蛋白质和脂肪的主要来源，是人类食物的最基本保障，粮油产业是国家的基本食物产业和最重要的农业产业，在我国俗称"米袋子"。1995 年，"米袋子"省长负责制第一次写入政府工作报告，文件指出："负责'米袋子'就是负责本省的粮食供应，就是要保证种植面积，提高单产，增加储备，调剂供求，稳定价格。"多年来，这一制度对于保障我国粮食安全、维护社会稳定发挥了重大作用。随着我国进入新时代，粮食安全形势发生深刻而复杂的变化，进一步加强、充实和完善"米袋子"省长负责制尤为重要。粮食作物是谷类作物、薯类作物及食用豆类作物（包括大豆、蚕豆、豌豆、绿豆、小豆等）的总称。广义的粮食产业除了粮油产业还包括油料产业，我国油料产业主要包括大豆和油菜。由于大豆既提供油脂，又是重要的动物蛋白饲料，所以被划归狭义的粮食作物。

2.2.1　水稻

　　水稻是稻属谷类作物，原产于中国和印度，七千年前中国长江流域的先民们就曾种植水稻。水稻按稻谷类型主要分为籼稻和粳稻，按留种方式分为常规水稻和杂交水稻。水稻所结子实即稻谷，稻谷脱去颖壳后称糙米，糙米碾去米糠层即可得到大米。世界上近一半人口以大米为主食。水稻除可食用外,还可以酿酒、制糖、作工业原料,稻壳和稻秆可以作为牲畜饲料。我国水稻主产区主要是长江流域、珠江流域、东北地区。水稻属于直接经济作物,大米是中国居民的主食,目前国内的水稻种植面积中常规稻为 2.45 亿亩左右,杂交稻为 2 亿亩左右。我国科学家群体对水稻科研做出了全球性的重要贡献,其中,袁隆平院士被誉为"杂交水稻之父"。

水稻是我国口粮消费的主体,依靠国际市场调剂国内需求的余地极为有限,因此,水稻的战略地位十分重要。目前水稻产需基本平衡,但结构性矛盾突出。未来稻米消费将呈增长趋势,受比较效益低、"双改单"趋势明显、水田面积减少以及机械化水平低、良种良法不配套等因素制约,播种面积增加有限,单产提高难度较大,稳定供给压力将长期存在。

(1) 区域布局。重点建设东北平原、长江流域和东南沿海 3 个优势区。其中,东北平原水稻优势区主要位于三江平原、松嫩平原、辽河平原,主要包括黑龙江、吉林、辽宁 3 个省的 82 个重点县,着力发展优质粳稻;长江流域水稻优势区主要位于四川盆地、云贵高原丘陵平坝地区、洞庭湖平原、江汉平原、河南南部地区、鄱阳湖平原、沿淮和沿江平原与丘陵地区,主要包括四川、重庆、云南、贵州、湖南、湖北、河南、安徽、江西、江苏 10 个省(市)的 449 个重点县,着力稳定双季稻面积,逐步扩大江淮粳稻生产,提高单季稻产量水平;东南沿海水稻优势区主要位于杭嘉湖平原、闽江流域、珠江三角洲、潮汕平原、广西及海南的平原地区,主要包括上海、浙江、福建、广东、广西、海南 6 个省(区、市)的 208 个重点县,稳定水稻面积,着力发展优质高档籼稻。

(2) 发展现状和趋势。2018 年我国稻米产量为 21214 万吨,播种面积有少许减产,结构性调整加快,其中早稻产量为 2859 万吨;大米消费逐年增加达 15471 万吨,进口大米 308 万吨,出口 208.9 万吨。未来我们将立足国内生产,满足消费需求,稳步发展粳稻,大力发展优质稻,不断优化品种和品质结构,提升产业发展水平,这是稻米产业发展的总的指导思想。

2.2.2 小麦

小麦是三大谷物之一,在世界各地广泛种植,小麦的颖果是人类的主食之一,磨成面粉后可制作面包、馒头、饼干、面条等食物,发酵后可制成啤酒、酒精、白酒。小麦几乎全作食用,仅约有六分之一作为饲料使用。两河流域是世界上最早栽培小麦的地区,中国的小麦在公元前 3000 年左右由黄河中游逐渐扩展到长江以南各地,并传入朝鲜、日本。

小麦是我国的基本口粮作物之一,在粮食安全、生态环境保护中的作用突出。2004 年以来,我国小麦基本实现全程机械化,播种面积恢复增加,单产和总产持续快速增长,产需总体平衡。但是,我国优质专用品种比例偏低,高档强筋小麦和弱筋小麦仍需从国际市场进口。随着消费需求的刚性增长,加之受资源约束趋紧影响,确保小麦基本自给、满足优质化需求难度依然较大。

(1)区域布局。重点建设黄淮海、长江中下游、西南、西北、东北 5 个优势区。其中,黄淮海小麦优势区包括河北、山东、北京、天津全部,河南中北部,江苏和安徽北部,山西中南部以及陕西关中地区,主要包括 336 个重点县,重点发展优质强筋、中强筋和中筋小麦;长江中下游小麦优势区包括江苏和安徽两省淮河以南、湖北北部、河南南部等地区,主要包括 73 个重点县,重点发展优质弱筋和中筋小麦;西南小麦优势区包括四川、重庆、云南、贵州等省(市),主要包括 59 个重点县,重点发展优质中筋小麦;西北小麦优势区包括甘肃、宁夏、青海、新疆、陕西北部及内蒙古河套和土默川地区,主要包括 74 个重点县,重点发展优质强筋、中筋小麦;东北小麦优势区包括黑龙江、吉林、辽宁及内蒙古东部,主要包括 16 个重点县,重点发展优质强筋、中筋小麦。

(2)发展现状和趋势。2018 年我国小麦产量为 1.31 亿吨,播种面积为 3.61 亿亩;小麦消费量达 1.14 亿吨,进口 309.93 万吨,出口 28.55 万吨。未来我国小麦产业在围绕基本自给、满足市场需求、稳定发展的前提下,将不断优化品种结构,大力发展优质专用品种,着力提高小麦种植效益和加工制品质量。

2.2.3 玉米

玉米是禾本科的一年生草本植物,最早产于墨西哥南部地区,后扩展到中美洲和南美洲,1531 年传入我国,是世界重要的粮食作物,广泛分布于美国、中国、巴西和其他国家。玉米与传统的水稻、小麦等粮食作物相比,具有很强的耐旱性、耐寒性、耐贫瘠性以及极好的环境适应性。玉米的营养价值较高,是优良的粮食作物。作为中国的高产粮食作物,玉米是畜牧业、养殖业、水产养殖业等的重要饲料来源,也是食品、医疗卫生、轻工业、化工业等的不可或缺的原料之一。由于玉米资源极为丰富、廉价且易于获得,它们还具有许多生物活性,如抗氧化、抗肿瘤、降血糖、提高免疫力和抑菌杀菌等,具有广阔的开发及应用前景。

玉米是我国重要的粮食、饲料和工业原料兼用作物。近年来,我国玉米面积、产量逐年增加,发展势头良好,供求基本平衡。但由于玉米功能用途的拓展,在饲用玉米平稳增长的同时,工业消费特别是用于生产燃料乙醇的玉米数量增长迅猛,需求增长趋快。目前我国玉米生产仍受优良品种相对较少、区域性适用技术普及率低、机械化收获技术尚未普及以及农田基础设施落后等因素的制约,增产幅度难以跟上消费增长速度,实现玉米供求平衡任务艰巨。

(1)区域布局。着力建设北方、黄淮海和西南 3 个优势区。其中,北方玉米优势区包括黑龙江、吉林、辽宁、内蒙古、宁夏、甘肃、新疆、陕西北部、山西中北部、北京和河北北部及太行山沿线的玉米种植区,主要包括 233 个重点县,重点发展籽粒与青贮兼用型玉米;黄淮海玉米优势区包括河南、山东、天津、河北和北京大部、山西和陕西中南部及江苏和安徽淮河以北的玉米种植区,主要包括 275 个重点县,重点发展籽粒玉米,积极发展籽粒与青贮兼用和青贮专用玉米,适度发展鲜食玉米;西南玉米优势区包括重庆、四川、云南、贵州、广西及湖北和湖南西部的玉米种植区,主要包括 67 个重点县,重点发展青贮专用和籽粒与青贮兼用玉米。

(2)发展现状和趋势。2017 年我国玉米播种面积为 4239.9 万公顷,产量为 25907.07 万吨,出口 8.59 万吨。2018 年我国玉米产量 25717.39 万吨。未来我国玉米产业将以满足国内需求和增加农民收入为目标,坚持食用消费优先为原则,在发展玉米生产的基础上调节好消费需求。

2.2.4 马铃薯

马铃薯属茄科一年生草本植物,块茎可供食用,是全球第四大重要的粮食作物,仅次于小麦、稻谷和玉米,与小麦、稻谷、玉米、高粱并称为世界五大作物。马铃薯块茎含有大量的淀粉,能为人体提供丰富的热量,且富含蛋白质、氨基酸及多种维生素、矿物质，尤其是其维生素含量是所有粮食作物中最全的，在欧美国家特别是北美，马铃薯早已成为第二主食。马铃薯原产于南美洲安第斯山区，人工栽培历史最早可追溯到大约公元前 8000 年到 5000 年的秘鲁南部地区。马铃薯主要生产国有中国、俄罗斯、印度、乌克兰、美国等。中国是世界马铃薯总产最大的国家。

马铃薯是我国第四大粮食作物，粮菜饲兼用，加工用途多，产业链条长，增产增收潜力大，因其营养丰富，被誉为"地下苹果"和"第二面包"。近年来，我国马铃薯种植面积和产量稳步提高，在增加食品营养源、丰富市场食品种类、保障国家粮食安全中的战略地位日益突出，未来发展空间十分广阔。但是，我国马铃薯生产也面临着优质高产品种缺乏、脱毒种薯供应不足、耕作方式粗放、机械化水平低、贮藏技术和加工增值程度低等因素的制约，亟须提升生产、加工、贮藏、流通水平，加快构建现代化产业体系。

（1）区域布局。重点建设东北、华北、西北、西南、南方 5 个优势区。其中，东北马铃薯优势区包括东北地区的黑龙江和吉林 2 省、辽宁北部和西部、内蒙古东部地区，主要包括 34 个重点县，重点发展种用、加工用和鲜食用马铃薯；华北马铃薯优势区包括内蒙古中西部、河北北部、山西中北部和山东西南部地区，主要包括 44 个重点县，重点发展种用、加工用和鲜食用马铃薯；西北马铃薯优势区包括甘肃、宁夏、陕西西北部和青海东部地区，主要包括 51 个重点县，重点发展鲜食用、加工用和种用马铃薯；西南马铃薯优势区包括云南、贵州、四川、重庆 4 省（市），以及湖北和湖南 2 省的西部山区、陕西的安康地区，主要包括 182 个重点县，重点发展鲜食用、加工用和种用马铃薯；南方马铃薯优势区包括广东、广西、福建 3 省、江西南部、湖北和湖南中东部地区，主要包括 82 个重点县，重点发展鲜食用薯和出口鲜薯品种。

（2）发展现状和趋势。据农业农村部网站数据，2017 年全国马铃薯种植面积为 8696 万亩，年总产量达 9682 万吨，其中食用消费 5895 万吨，加工消费 823 万吨。目前和将来一定时期内，我国围绕做大做强马铃薯产业，推进脱毒种薯、加工专用薯和鲜食用商品薯协调发展，坚持种薯先行、科技兴薯和产业带动的战略方向，主攻单产，提高品质，提升生产、加工、储藏、流通水平。

2.2.5 大豆

大豆通称黄豆,为双子叶植物纲豆科大豆属的一年生草本,种子含有丰富的植物蛋白质。大豆原产于我国,我国各地均有栽培,亦广泛栽培于世界各地。大豆是我国重要粮食作物之一,已有五千年栽培历史,古称菽,我国东北为主产区。大豆最常用来做各种豆制品、榨取豆油、酿造酱油和提取蛋白质。

大豆是我国进口量最大的农产品。2004 年以来,我国大豆产量连年下降,进口量急剧增加,目前对外依存度已超过 60%。由于"两低一高"(单产水平低、含油率低、生产成本高)问题尚未从根本上解决,加之基础设施薄弱、科技水平低、生产装备落后、组织化程度低,国产大豆竞争力弱的状况难以在短期内改变,生产供给不足、主要依靠进口的态势将长期存在,亟须明确市场定位,提高比较效益和单产水平,增强市场竞争力。

(1)区域布局。重点建设东北高油大豆、东北中南部兼用大豆和黄淮海高蛋白大豆 3 个优势区。其中,东北高油大豆优势区包括内蒙古东四盟和黑龙江的三江平原、松嫩平原第二积温带以北地区,主要包括 59 个重点县;东北中南部兼用大豆优势区包括黑龙江南部、内蒙古的通辽赤峰及吉林辽宁大部,主要包括 22 个重点县;黄淮海高蛋白大豆优势区包括河北、山东、河南、江苏和安徽两省的沿淮及淮河以北、山西西南地区,主要包括 36 个重点县。

(2)发展现状和趋势。2018 年我国大豆产量 1600 万吨,播种面积 1.26 亿亩,产量呈小幅增加;大豆总消费量达 1.05 亿吨,食用消费 1253 万吨,压榨消费 8860 万吨,种用 67 万吨,损耗 290 万吨;进口 8806 万吨,受非洲瘟疫的影响进口小幅减少。总体上我国大豆产业呈现统筹油用、粮用大豆生产协调发展,努力保证食用大豆供给,着力提高高油大豆自给率的发展思路。

2.2.6 油菜

油菜是我国最重要的油料作物之一,菜籽油占国产植物油总量的 40% 以上。随着植物油需求的增长,未来油菜籽供需矛盾日益突出,亟须突破劳动力成本高、机械化程度低、良种良法不配套、生产效益差等制约瓶颈,恢复和扩大综合生产能力,增加油菜籽市场供给。

（1）区域布局。重点建设长江上游、中游、下游和北方 4 个优势区。其中,长江上游油菜优势区包括四川、贵州、云南、重庆和陕西 5 省(市),主要包括 101 个重点县,重点发展高产、高含油量、耐湿、抗病“双低”油菜;长江中游油菜优势区包括湖北、湖南、江西、安徽 4 省及河南信阳地区,主要包括 166 个重点县,重点发展早熟、多抗、高含油量的“双低”优质油菜;长江下游油菜优势区包括江苏、浙江两省,主要包括 24 个重点县,重点发展高含油量、抗病、中早熟、耐裂角和耐渍优质油菜;北方油菜优势区包括青海、内蒙古、甘肃 3 省(区),主要包括 27 个重点县,重点发展抗旱、抗冻的优质甘蓝型特早熟春油菜。

（2）发展现状和趋势。2018 年我国油菜籽产量 1328.12 万吨。2017 年播种面积 66.53 万公顷,作为世界第三大油菜籽主产国、第二大菜籽消费国,2017 中国油菜籽进口总量为 474.83 万吨,稳居世界第一。总体产业发展指导思想是增加油菜籽供给、减少国内食用油进口。

2.3　“菜篮子”产业及其布局

“菜篮子”产业是指蔬菜、肉、蛋、奶、水产和水果等六大类不耐储运的生鲜农产品产业,“菜篮子”产品是除粮食外最重要的农产品。农业部于 1988 年提出建设“菜篮子工程”,来缓解我国副食品供应偏紧的矛盾,一期工程建立了中央和地方的肉、蛋、奶、水产和蔬菜生产基地及良种繁育、饲料加工等服务体系,“菜篮子”产品持续快速增长。到 20 世纪 90 年代中期,我国从根本上扭转了副食品供应长期短缺的局面,国内“菜篮子”供求形势已经从长期短缺转变为供求基本平衡、丰年有余。这标志着我国“菜篮子”工程正进入一个新的发展阶段。随着以优化结构、提高“菜篮子”产品质量和增加农民收入为中心的系列改革,目前,我国除奶类和水果外,其余“菜篮子”产品的人均占有量均已达到或超过世界人均水平。

2.3.1　蔬菜

蔬菜在我国的种植面积十分广泛,仅次于粮食作物,且蔬菜是发展活力最强、发展空间更广的一种经济作物,在我国农业产业中有着举足轻重的地位。进入新时期,我国农业产业化以及农业现代化的步伐越来越快,尤其是近年来我国设施蔬菜的快速发展与进步,使以往的传统农业悄悄地朝着当前的现代农业发生质的变化。经过多年的发展,我国的蔬菜生产在新品种选育、育种技术、设施栽培技术、无公害生产技术、应用现代生物技术对蔬菜品种改良及其产业化方面都得到迅猛发展,并取得了长足进步。此外,蔬菜病虫害综合防治、无土栽培、节水灌溉等技术也取得明显进步。科技含量的提升带来了蔬菜产量大幅增长,品种日益丰富,质量不断提高,市场体系逐步完善,总体上呈现良好的发展局面。此外,近年来高品质的有机蔬菜大量出口国外,促使我国蔬菜产业的竞争水平显著提升,同时也使得我国蔬菜产业逐渐发展成为国际舞台中的一道靓丽的风景线。

(1)区域布局。随着农业供给侧结构性改革深入,种植业结构也随之调整,目前我国蔬菜产业已形成华南与西南热区冬春蔬菜、长江流域冬春蔬菜、黄土高原夏秋蔬菜、云贵高原夏秋蔬菜、北部高纬度夏秋蔬菜、黄淮海与环渤海设施蔬菜等六大优势区域,各区域优势品种不同、上市档期交替,形成良性互补的区域发展格局。

(2)发展现状和趋势。目前,我国已是世界蔬菜生产和消费的第一大国,2018年蔬菜播种面积稳定在3亿亩以上,产量约为7亿吨,占全世界的近50%。常年生产的蔬菜约14大类150多种,满足了多样化的需求,蔬菜农残监测合格率已连续10年稳定在96%以上。2018年,我国蔬菜消费总量为5.23亿吨,蔬菜食用消费(鲜食消费)总量为2.24亿吨,占蔬菜消费总量的45.8%。出口1125万吨,进口49万吨,常年处于贸易顺差地位。随着我国蔬菜产业逐年增长,蔬菜产业已经逐渐发展成为实现农民就业、农业增效以及农村经济发展的一个重要支柱,对"三农"具有十分重要的意义与现实价值。随着蔬菜种植以及蔬菜安全、加工、出口以及地域性流通等方面出现的问题越来越多,中国蔬菜产业将呈现品种多元化、布局区域化、技术标准化、深加工化发展趋势。

2.3.2 肉类

1)生猪

猪肉是我国城乡居民最重要的肉食品来源,占我国肉类总消费量的

62.5%,在饮食结构中具有不可替代的地位。养猪业是保障我国食物安全的基础产业,具有"猪粮安天下"的战略意义。近年来,我国生猪规模化养殖发展迅速,生产水平不断提高。未来我国猪肉需求总量仍将继续刚性增长,但受资源环境约束、基础设施与服务体系不健全、产业化程度低、生猪疫病防控形势严峻和产业保护机制不完善等多种因素影响,确保生猪生产持续稳定健康发展的任务十分艰巨。

(1)区域布局。着力建设沿海、东北、中部和西南 4 个生猪优势区。其中,沿海生猪优势区包括江苏、浙江、广东、福建 4 省的 55 个县,着力发展现代化养殖,确保一定的自给率;东北生猪优势区包括吉林、辽宁、黑龙江 3 省的 30 个县,着力发展规模化养殖,确保京、津等大中城市市场供应;中部生猪优势区包括河北、山东、安徽、江西、河南、湖北、湖南 7 省的 226 个县,着力发展健康养殖,稳定提高调出能力;西南生猪优势区包括广西、四川、重庆、云南、贵州 5 省(区、市)的 126 个县,着力发展各种类型的生态养殖,提高规模化养殖水平,拓宽市场空间。

(2)发展现状和趋势。近 10 年来我国猪肉产量稳居全球第一,2018 年猪肉产量为 5403.74 万吨,年底生猪数量为 42817.11 万头,出栏 69382 万头,我国猪肉进口量和出口量分别为 119.3 万吨和 4.2 万吨。我国生猪养殖业以确保生猪生产平稳增长、保障基本供给、满足国内需求为主要任务,大力推行规模化经营、标准化生产、组织化管理。

2)肉牛

近年来,我国肉牛业持续快速发展,区域布局不断优化,肉牛饲养的规模化、组织化程度不断提高,牛肉产量持续增长,产品质量不断提高,屠宰加工能力显著增强,为满足人们不断增长的肉类需求发挥着越来越重要的作用。未来城乡居民对牛肉的消费将不断增加,肉食结构中牛肉的比重将不断上升,对肉牛业发展提出了更高的要求。当前,肉牛业基础母牛存栏量下降、专用肉牛品种缺乏、投入水平低、产业链条短等问题比较突出,亟须进一步提升肉牛业综合生产能力,确保基本供给。

(1)区域布局。着力建设中原、东北、西北、西南 4 个优势区。其中,中原肉牛优势区包括山东、河南、河北、安徽 4 省的 51 个县,着力满足京津冀都市圈、环渤海经济圈和长三角地区优质牛肉需求;东北肉牛优势区包括吉林、黑龙江、辽宁、内蒙古、河北5省(区)的60个县,在满足本区域优质牛肉需求同时,着力开拓东北亚市场;西北肉牛优势区包括新疆、甘肃、陕西、宁夏4省(区)的29个县,在满足本区域优质牛肉需求同时,着力开拓中亚、中东市场;西南肉牛优势区包括四川、重庆、云南、贵州、广西5省(区、市)的67个县,着力满足本区域和华南地区优质牛肉需求。

(2)发展现状和趋势。2018年牛肉产量为644.06万吨,出栏量为4397.48万头,进口牛肉和牛杂共计106.28万吨。我国肉牛养殖行业未来以满足城乡居民对牛肉产品的基本需求为主要任务,鼓励规模育肥,实行集中屠宰,强化品牌销售,转变发展方式,提高肉牛产业综合生产能力。

3)肉羊

随着肉羊区域化生产格局逐步形成,我国继续保持了世界第一羊肉生产大国的地位,生产方式转变加快,杂交改良推广面积不断扩大,羊肉产量持续增长,质量显著提高。随着我国城乡居民收入水平的不断提高,消费观念逐步转变,未来羊肉消费量将呈上升趋势。但是,肉羊业仍然面临良种覆盖率低、专用饲料供应不足、养殖方式落后、加工流通企业规模偏小等制约因素,必须加快改造和发展步伐。

(1)区域布局。着力建设中原、中东部农牧交错带、西北和西南4个优势区。其中,中原肉羊优势区包括山东、河北南部、湖北、山西东部、河南、江苏和安徽7省的56个县,着力发展秸秆舍饲肉羊养殖;中东部农牧交错带肉羊优势区包括山西、河北北部、内蒙古、辽宁、吉林、黑龙江6省(区)的32个县,着力发展高档肉羊养殖;西北肉羊优势区包括甘肃、宁夏、新疆、陕西4省(区)的44个县,着力发展无污染优质肉羊养殖;西南肉羊优势区包括四川、云南、贵州、重庆、湖南5省(市)的21个县,着力发展山羊养殖。

(2)发展现状及趋势。2108年羊肉产量为475.07万吨,年底数量为29713.51万头。近年我国活羊及羊肉进口量呈波动增长趋势、出口量呈波动下降趋势,2018年活羊及羊肉进口量为30.92万吨、出口量为0.34万吨。针对产业的发展,养羊业以良种繁育体系和加工体系建设为突破口,加速改造传统养殖方式,大力培育优势品牌,提高肉羊养殖效益,增加农牧民收入,将成为肉羊养殖业的主旋律。

4)肉鸡

肉鸡产业是我国畜牧业的重要组成部分。经过改革开放以来40多年的持续发展,鸡肉已经成为我国第二大肉类生产和消费品,我国已经成为世界主要肉鸡生产和消费国。在我国,肉鸡最初在山东地区生产,近十年来发展很快,安徽、河南、湖北、江苏、吉林等地也开始大规模饲养,一些地区甚至有赶超山东之势。我国肉鸡业具有地域品种多样性的特点,主要类型有快大型白羽鸡、优质型黄羽鸡、生态型肉杂鸟鸡。近十年来肉鸡业逐步向工厂化、集约化、专业化方向靠拢,采用全封闭式鸡舍结构,自动化、机械化装备水平较高,生产效率高。值得关注的是,近年来由于种种原因,我国肉鸡业出现了"黄鸡北上,白鸡南下"的趋势。此外,肉鸡产品在我国肉类国际贸易中也占有举足轻重的地位,肉鸡产品进口、出口贸易额分别占我国肉类进口、出口贸易额的 50%左右。实现我国肉鸡产业的可持续发展具有非常重要的战略意义。

(1)区域布局。快大型白羽肉鸡主要集中在山东、辽宁、河北、河南、江苏和安徽一带,江南主要以黄羽肉鸡为主,白羽肉鸡不多;鲁西、鲁西北、洛阳、京津郊区等地主要以杂鸟鸡为主。

(2)发展现状和趋势。2017 年我国白羽鸡出栏量为 42 亿羽,黄羽鸡出栏量为 36.9 亿羽,两者占到总出栏量的 87%左右。从鸡肉产量来看,白羽肉鸡的产量占比超过 50%,其次是黄羽鸡占 30%,两者产量占比超过 83%。我国鸡肉消费量为 1147.5 万吨。目前国内鸡肉产量略小于总消费,且国内鸡肉行业以"自产自销"为主。2017 年我国鸡肉进口量为 31.1 万吨,出口量为 43.6 万吨,人均鸡肉消费量达到 10.3 公斤,但与世界平均水平 11.7 公斤相比,还有一定距离。鸡肉营养健康,是很好的蛋白质来源,未来消费增长仍然具有潜力。

2.3.3 蛋类

鸡蛋是人类最好的营养来源之一。自 1985 年以来我国鸡蛋产量便稳居全球第一,整体上鸡蛋市场以自给自足为主,出口量并不大。虽然经过多年的发展我国蛋鸡养殖和鲜蛋消费总量规模已处于世界第一,但行业内仍存在大量小规模无序、非标准化的"农户散养"和"小规模家庭饲养"的养殖,整体上处于"大而不强"的尴尬地位。

(1)区域布局。主产区集中在河南、山东、河北、辽宁、江苏、四川、湖北、安徽、黑龙江、吉林等 10 个省,占全国比重为 78%。供需缺口最大的是广东省,其次为上海、浙江、北京。

(2)发展现状和趋势。2018 年禽蛋产量为 3128 万吨。未来几年,受国家各项政策的支持,农业供给侧结构性改革会不断加强,整个蛋鸡养殖行业由数量增长型向质量效益型转变的要求加快,行业将积极推动实现"品种良种化、养殖设施化、生产规模化、防疫制度化、粪污无害化"的现代畜牧业标准。同时,通过产业整合、联合与兼并,优化产业格局,大大提高集约化、规模化水平,引领蛋鸡养殖业向现代化、标准化快速转型升级。

2.3.4 奶业

近年来,在奶牛优势区的带动下,我国奶业持续高速发展,涌现出一批明星企业和知名品牌,取得了显著的成效。目前,我国人均奶制品消费量仅相当于世界平均水平的 1/4、发达国家的 1/12,发展空间广阔。要满足人民群众日益增长的消费需求,必须妥善解决奶牛饲养方式落后、良种化程度不高、奶业产业化组织化程度低、乳及乳制品市场不规范、标准体系不完善等问题,促进奶牛养殖业健康发展。

(1)区域布局。着力建设京津沪郊区、东北内蒙古、中原、西北 4 个奶牛优势区。其中,京津沪郊区奶牛优势区包括北京、上海、天津 3 市的 17 个郊县,着力提高奶业现代化水平,加快产加销一体化进程,保障市场供给;东北内蒙古奶牛优势区包括黑龙江、辽宁和内蒙古 3 省(区)的 117 个县,着力发展规模化、标准化奶牛养殖;中原奶牛优势区包括河北、山西、河南、山东 4 省的 111 个县,着力发展专业化养殖场和规模化小区,大力提高奶牛单产;西北奶牛优势区包括新疆、陕西、宁夏 3 省(区)的 68 个县,着力发展舍饲、半舍饲规模化养殖,大力提高饲养管理水平。

(2)发展现状和趋势。2018 年我国奶类产量为 3189 万吨,牛奶产量为 3075 万吨,均低于过往 10 年均产;全国乳制品加工量为 2687.1 万吨,其中液态奶为 2505.59 万吨(奶粉 96.08 万吨),干乳制品为 181.52 万吨。我国奶业以提高奶牛单产水平和养殖比较效益为主要任务,着力提高优势区奶业集约化、标准化、优质化水平和国际竞争力,示范带动全国奶业发展。

2.3.5　水产

世界水产养殖以亚洲最为发达,水产养殖量的全球占比接近 90%。而中国是亚太地区乃至全球水产养殖的主导力量,同时,中国也是世界上从事水产养殖历史最悠久的国家之一。改革开放以来,我国渔业确立了以养为主的发展方针,水产养殖业获得了迅猛发展。在过去的十年中,在全球水产品市场需求快速增长的刺激下,中国水产养殖行业迅速发展。中国水产养殖产量一直占据全球的 60% 以上,中国水产养殖产量的变动直接影响着全球水产养殖市场。

近年来,我国继续保持了世界第一水产养殖大国和水产品贸易大国的地位。2018 年水产品总产量为 6469 万吨,其中养殖水产品产量为 5018 吨,捕捞水产品产量为 1451 万吨,大宗水产品消费趋于稳定,特色水产品(大闸蟹、小龙虾)走俏市场,分化加剧,形成季节性消费热潮。目前国内市场的水产消费还是以鲜活水产品为主,对精加工的包装水产品需求还处于起步发展阶段。出口水产品优势养殖区域产业结构不断优化,组织化程度逐步提高,发展方式明显转变,产业发展进入相对集中、规模化、产业化开发阶段。2018 年我国水产品进出口总量为 954.4 万吨,其中出口 432.2 万吨,进口 522.2 万吨。未来中国渔业将坚持绿色高质量的发展导向,以减量增效为着力点,加快构建水产养殖业绿色发展的空间格局、产业结构和生产方式,保持水产养殖总体稳定和水产品有效供给。

2.3.6　水果

国家统计局发布的《中国统计年鉴 2018》显示,2017 年我国水果总产量为 25241.9 万吨,其中苹果产量为 4139.0 万吨,柑橘产量为 3816.8 万吨,梨产量为 1641.0 万吨,葡萄产量为 1308.3 万吨,香蕉产量为 1117.0 万吨。整体而言,我国主要水果品种产量维持增长态势。2017 年海关统计我国水果进出口量为 817.46 万吨,其中,水果出口量为 361.19 万吨,水果进口量为 456.27 万吨。

1) 苹果

苹果是我国最具竞争力的农产品之一。近年来,在优势区带动下,我国鲜苹果出口量和浓缩汁出口量稳定增长,出口创汇能力明显提升。目前,我国苹果出口量和出口额分别居世界第一位和第五位,我国正由世界苹果生产大国向产业强国迈进,亟须在优良品种培育、栽培技术配套、老果园更新、产后处理、组织化经营等方面缩小与世界先进国家的差距,巩固提高国际竞争力,扩大出口。重点建设渤海湾和黄土高原2个优势区。其中,渤海湾苹果优势区位于胶东半岛、泰沂山区、辽南及辽西部分地区、燕山、太行山浅山丘陵区,包括山东、辽宁、河北3省的53个县,着力发展鲜食品种;黄土高原苹果优势区位于陕西渭北、陕北南部地区、山西晋南和晋中、河南三门峡地区、甘肃的陇东和陇南地区,包括陕西、甘肃、山西、河南4省的69个县,着力发展鲜食品种,加快发展加工鲜食兼用品种。

2)柑橘

柑橘是世界上产量最大的水果种类,是我国具有较强竞争力的果品。近年来,我国柑橘产业发展迅速,种植规模不断扩大,总产量稳步提升,鲜食柑橘出口量逐年递增,橘瓣罐头产量和出口量均已超过世界的70%,柑橘产业正成为产区农民增收的支柱产业。未来柑橘市场需求将继续保持较快的增长势头,为柑橘产业持续较快发展提供了良好机遇,但也面临着科技支持不足、基础设施薄弱、生产管理粗放落后、采后处理能力弱等问题,亟须加以解决。重点建设长江上中游、赣南—湘南—桂北、浙—闽—粤、鄂西—湘西、特色柑橘生产基地5个优势区。其中,长江上中游柑橘优势区位于湖北秭归以西、四川宜宾以东、以重庆三峡库区为核心的长江上中游沿江区域,主要包括38个重点县,着力发展鲜食加工兼用柑橘、橙汁原料柑橘和早/晚熟柑橘;赣南—湘南—桂北柑橘优势区位于江西赣州,湖南郴州、永州、邵阳,以及广西桂林、贺州等地,主要包括44个重点县,着力发展优质鲜食脐橙;浙—闽—粤柑橘优势区位于东南沿海地区,主要包括50个重点县,着力发展宽皮柑橘、柚类和杂柑类;鄂西—湘西柑橘优势区包括湖北西部、湖南西部地区,主要包括24个重点县,着力发展早熟、极早熟宽皮柑橘;特色柑橘生产基地包括南丰蜜橘基地、岭南晚熟宽皮橘基地、云南特早熟柑橘基地、丹江库区北缘柑橘基地及云南和四川柠檬基地,主要包括20个重点县,着力发展极早熟、早熟宽皮柑橘等特色品种。

3)梨

中国经济梨栽培有约3000年的历史,是全球栽培梨的三大起源中心之一。中国梨种植面积和产量占世界梨栽培面积和总产量的 80% 左右,主要栽培品种包括东方梨和西洋梨两大类。东方梨包括白梨、沙梨和秋子梨等,西洋梨主要包括河北的雪花梨和鸭梨、安徽的砀山酥梨、东北的苹果梨、新疆的库尔勒香梨等。我国梨生产主要集中在河北、安徽、新疆、河南、辽宁、陕西、山东、四川等地区,据不同种类的梨栽培优势区域的气候条件指标,在长期的自然选择和生产发展过程中逐渐形成了四大产区,即环渤海(辽、冀、京、津、鲁)秋子梨和白梨产区、西部地区(新、甘、陕、滇)白梨产区、黄河故道(豫、皖、苏)白梨和砂梨产区、长江流域(川、渝、鄂、浙)砂梨产区。

4)葡萄

改革开放以来,我国葡萄产业进入快速发展通道,葡萄生产遍布全国(除香港、澳门)。从 2011 年起我国鲜食葡萄产量稳居世界首位;2014 年我国葡萄栽培面积跃居世界第二位,葡萄酒产量居世界第八位;2016 年中国鲜食葡萄占据世界半壁江山。目前,我国是亚洲最大的葡萄、葡萄酒生产国,但我国栽培品种单一,品牌选育的科学水平较弱,品种基本依靠从国外引进,欧美种以巨峰系为主,欧亚种以玫瑰香、红地球、无核白鸡心等为主。生产上成熟期搭配也存在中晚熟品种比例高,早熟和中熟品种比例较低,鲜食品种比例过高,酿酒品种比例低等结构不合理问题。从我国葡萄栽培区域看,可划分 7 大较为集中的种植区:西南区(云、贵、川等)、东北及西北高原低温冷凉区、长三角区(江、浙等)、黄河中下游区(豫等)、环渤海湾区(冀、鲁、辽等)、黄土高原干旱半干旱区(晋、陕、甘、宁、内蒙古等)、西北干旱区(新等)等。

5)香蕉

香蕉是世界鲜果贸易量最大的水果,联合国粮食及农业组织(Food and Agriculture Organization of the United Nations,FAO)数据显示全世界有 131 个国家种植香蕉,其中主产区为中、南美洲和亚洲,产量位居前三位的国家分别是印度、中国和菲律宾。在我国,香蕉是仅次于苹果、柑橘、梨、葡萄的第五大宗水果。我国香蕉生产主要集中在广东、广西、云南、海南、福建、四川、贵州、重庆。其中五大产区广东地区、广西地区、海南地区、云南地区、福建地区产量占据全国产量的 99%。在西南、西北消费市场,以国产香蕉占主流;东北消费市场则被进口香蕉占领;华北消费市场主要为国产香蕉,走平民路线;华东消费市场全年进口量占三成;中南消费市场是国产香蕉的主场地。

2.4 其他重要和特色农产品产业及其布局

《全国优势农产品区域布局规划(2013—2020年)》涉及水稻、小麦、玉米、大豆、棉花、油菜、甘蔗、苹果、柑橘、生猪、奶牛、肉牛、肉羊、出口水产品、马铃薯、天然橡胶等16个大宗农产品产业。《特色农产品区域布局规划(2013—2020年)》中涉及特色蔬菜、特色果品、特色粮油、特色饮料、特色花卉、特色纤维、中药材、特色草食牲畜、特色猪禽、特色水珍等10类144种特色农产品。

1) 棉花

我国加入世贸组织以来,纺织品出口快速增长,带动纺织工业迅速发展和纺织用棉需求大幅增加,棉花供求关系已由基本平衡进入到产不足需阶段,未来依靠大量进口满足国内纺织工业需求的市场风险进一步增大。我国棉花生产长期面临着价格大起大落、面积大增大减的突出问题。同时,品种"多乱杂"、基础设施条件差、病虫危害严重、机械化水平低等因素也制约着棉花生产的稳定发展,需要采取综合措施加以解决。规划期内重点建设黄河流域、长江流域、西北内陆3个优势区。其中,黄河流域棉花优势区包括天津、冀东、冀中、冀南、鲁西南、鲁西北、鲁北、苏北、豫东、豫北、皖北、晋南、陕西关中东部地区,主要包括146个重点县;长江流域棉花优势区包括江汉平原、洞庭湖、鄱阳湖、南襄盆地、安徽沿江棉区、苏北灌溉总渠以南地区,主要包括60个重点县;西北内陆棉花优势区包括南疆、东疆、北疆和甘肃河西走廊地区,主要包括98个重点县。黄河流域和长江流域两个优势区着力提高棉花品质一致性,有效控制异性纤维混入;西北内陆优势区则稳定发展海岛棉,着重提高纤维强力和原棉一致性,扩大异性纤维治理成效。

2) 甘蔗

甘蔗是我国主要的糖料作物,面积、产糖量分别占常年糖料面积、食糖总产量的85%和90%以上。2007年,我国甘蔗总产量和产糖量均创历史新高,基本满足国内市场需求。随着人们生活水平的提高、饮食结构的变化和新型能源开发步伐的加快,甘蔗作为重要的糖能兼用作物,战略地位将更加凸显,亟须解决品种单一退化、病虫危害严重、肥水管理不合理、机械化发展滞后等问题,切实提高单产水平和含糖率,持续稳定保障食糖安全。规划期内重点建设桂中南、滇西南、粤西琼北 3 个优势区。其中,桂中南甘蔗优势区包括 33 个县,着力发展高产高糖品种;滇西南甘蔗优势区包括 18 个县,着力发展耐旱高产高糖品种;粤西琼北甘蔗优势区包括 9 个县,着力发展高糖高抗性品种。

3) 天然橡胶

天然橡胶是重要的战略资源和工业原料。2007 年我国天然橡胶的产量居世界第六位。随着国内消费需求的不断增加,目前我国天然橡胶自给率不足 1/4,缺口巨大,亟须解决生产中存在的优质种苗供给严重不足,低产胶园比例高、更新速度慢,加工标准化程度较低,产品结构不合理等问题,优化橡胶生产布局,挖掘生产潜力,增强国内供给能力。规划期内重点建设海南、云南、广东 3 个优势区。其中,海南天然橡胶优势区包括 18 个县,着力发展高产抗风优良品种;云南天然橡胶优势区包括 29 个县,着力发展抗寒高产新品种;广东天然橡胶优势区包括 13 个县,着力发展抗风、抗寒高产速生品种。

4) 特色蔬菜

目前我国蔬菜生产整体上供大于求,存在结构性、季节性、地域性过剩现象,国内外市场竞争日趋激烈。然而,随着生活水平的提高和营养保健意识的增强,人们对蔬菜中的特色菜的需求逐步增加。特色蔬菜因其特有的品质、营养价值及功效,具有广阔的市场空间。但特色蔬菜发展中存在品种混乱、种植分散粗放、产后商品化处理能力差等问题,不能满足市场需求。规划期内重点发展莲藕、魔芋、莼菜、薤头、芋头、竹笋、黄花菜、荸荠、山药、黑木耳、银耳、辣椒、花椒和大料等 14 种特色蔬菜。

5) 特色果品

特色果品属于劳动和技术密集型农产品,市场竞争优势显著,国内外需求增量大,有着较大的发展空间。近年来我国特色果品快速发展,栽培面积、生产量和人均消费量都不断增加,出口大幅度增长,部分产品供不应求,已形成了一些特色果品产业化生产基地,且有加快发展的良好基础。但同时存在品种退化、品质下降、品种及熟期不合理、上市过于集中、市场压力过大、产业化程度低等问题。规划期内重点发展葡萄、特色梨、特色桃、樱桃、石榴、杨梅、枇杷、特色柚、猕猴桃、特色枣、特色杏、特色核桃、板栗、柿子、香榧、龙眼、荔枝、香蕉、橄榄、椰子、腰果、菠萝、芒果、番木瓜和槟榔等25种特色果品。

6）特色粮油

我国特色粮油产品种类繁多，品质优良，市场需求增长空间大。特色粮油大部分属于抗旱作物，是我国半干旱地区的主要粮食作物。它不但可以食用，而且可广泛应用于化工和医药等领域，具有很高的营养保健功能和综合利用价值，在国际市场上具有明显的品质优势与价格优势，是我国重要的出口农产品，出口量约占世界出口量的10%左右。但是，目前我国特色粮油产品生产存在种植粗放、品种混杂、退化严重、加工开发不足、出口市场秩序混乱等突出问题。规划期内重点发展芸豆、绿豆、红小豆、蚕豆、豌豆、豇豆、荞麦、燕麦、青稞、谷子、糜子、高粱、薏苡、啤酒大麦、啤酒花、芝麻、胡麻、向日葵和木本油料19种特色粮油。

7）特色饮料

茶叶、咖啡是风靡世界的无酒精特色饮料。我国茶文化历史悠久，茶种资源丰富，有一批地方特色明显的名茶。但茶叶原产地保护力度不够、茶农缺乏必要的技术指导、产品质量安全生产技术和保证体系不健全等问题突出。我国云南和海南是世界高档咖啡豆适宜种植区，近年咖啡加工技术不断进步，咖啡国内消费需求和出口稳步增长。目前我国咖啡产业的主要问题是咖啡园建设质量不高、品种混杂、生产技术和管理跟不上、精深加工和规模化程度不高、出口企业无序竞争，直接影响国际市场竞争力。规划期内重点发展红茶、乌龙茶、普洱茶、绿茶和咖啡5种特色饮料。

8）花卉

目前，花卉消费正在由集团消费和节假日消费向家居日常消费发展，市场前景广阔。20世纪90年代以后，世界花卉贸易额以每年10%的速度递增。世界花卉生产格局正在由发达国家向资源较丰富、气候适宜、劳动力和土地成本低的发展中国家转移，这为我国花卉业的发展提供了良好的机遇。我国花卉产业已具雏形，具备进一步发展的基础。目前我国花卉业存在的主要问题是种质资源保护不够、缺乏专利品种、品种结构不合理、生产方式落后、花卉市场建设滞后。规划期内重点发展鲜切花、种球花卉、盆栽花卉和园林花卉 4 类特色花卉。

9) 特色纤维

我国特色纤维在世界上占有重要的地位,茧丝和麻类两类特色纤维的生产总量居于世界前列,其中蚕茧和丝产量均占世界生产总量的 80% 左右,我国是主导世界茧丝价格走势的茧丝绸原料大国。我国苎麻产量世界第一,出口量占世界苎麻出口的 95%;亚麻、红麻和黄麻产量世界第二。同时,我国特色纤维在国际市场上具有较强的质量和价格竞争优势,是我国极为重要的出口创汇产品。目前我国茧丝业存在的主要问题是桑园分散、缺乏方便适用的蚕茧质量检测技术、国际市场的强烈影响和出口企业的无序竞争造成蚕茧收购价格波动比较大;麻类业存在的主要问题是优质品种比重低、剥麻设备简陋、劳动强度大、综合利用能力低、麻类加工导致环境污染严重。规划期内重点发展蚕茧、苎麻、亚麻和剑麻 4 种特色纤维。

10) 道地中药材

随着大众健康意识的快速提升和国际社会对中国传统中药的认同和接受,我国中药材产业的发展赢得了良好的发展空间,中药材产品市场需求不断增长。中药材市场竞争力强,发展潜力大,在国际贸易中的份额逐年上升。目前我国中药材产业存在的主要问题是道地药材品种退化严重;种植组织化、产业化程度和科技含量较低。市场监管不力,伪劣药材产品充斥市场;中药材品种繁多,不同品种的需求量差异明显,市场价格年际波动很大。规划期内重点发展三七、川贝母、天麻、怀药、杜仲、枸杞、黄芪、人参、丹参、林蛙、鹿茸、当归、罗汉果、北五味子、浙贝母、川芎、金银花、白术、藏药、甘草、黄芩、桔梗、细辛、龙胆草和山茱萸 25 种中药材。

11) 特色草食畜

近年来,我国特色畜禽产品消费需求增长迅速,牛、羊和驴等特色草食畜发展前景广阔。

(1) 特色牛。延边牛、郏县红牛、复州牛、湘西黄牛、牦牛等优秀地方牛品种均具有肉质好、味道鲜美独特、感官好等特点,近些年市场需求快速增加。目前存在的主要问题是生长速度慢,优质种牛群体规模小,肉牛生产和深加工技术落后于发达国家,牛肉在国际市场上缺乏竞争力,高档牛肉产量低,质量及档次不能满足市场需求,大部分依赖进口。

（2）特用羊。在纺织产品出口的拉动下,国产细羊毛市场需求逐步增加。我国羊绒衫占国际市场份额的75%左右,原绒产量占全球产量的80%。藏系绵羊毛具有弹性大、拉力强和光泽度高的特点,是纺织地毯的上等原料。滩羊则是在特定生态环境条件下育成的独特名贵裘皮用绵羊品种。目前存在的主要问题是特用羊品种退化、优质种羊规模小、舍饲技术不完善、羊绒和羊毛剪毛机械化程度低、产品混装混卖、质量及档次结构不能适应市场需求。

（3）驴。随着人们生活水平的快速提高,对驴肉、阿胶的市场需求越来越大,部分优良地方驴品种的肉用、药用和乳用等多功能价值日渐凸显。目前存在的主要问题是优质种驴规模小,驴肉及其产品深加工技术落后,高档驴肉产量、质量及档次低,不能满足市场需求。

（4）兔。兔肉肉质细嫩、味美香浓、久食不腻,营养价值、药用价值都很高。

（5）鹿。鹿全身都是宝,可以开发出多种药品、滋补保健品、食品、化妆品和优质的有基肥,其医疗保健价值尤其显著。

规划期内重点发展牦牛、延边牛、渤海黑牛、郏县红牛、复州牛、湘西黄牛、奶水牛、德州驴、关中驴、晋南驴、广灵驴、泌阳驴、福建黄兔、闽西南黑兔、九嶷山兔、吉林梅花鹿、东北马鹿、细毛羊、绒山羊、藏系绵羊、滩羊和奶山羊22种特色草食畜。

12）特色猪禽蜂

我国猪禽肉市场供需基本平衡,但特色肉类需求增长势头强劲,发展潜力大,市场前景看好。金华猪皮薄、骨细、肉嫩,是腌制金华火腿的原料;乌金猪肌肉发达,瘦肉比例高,是腌制"云腿"的原料;香猪体型矮小、肉质香嫩、皮薄骨细、早熟、乳猪无腥味,是加工制作高质量肉制品的原料;藏猪体型小、皮薄、瘦肉率高,风味独特。我国特色优质禽种质资源丰富,自然放养的优质地方鸡销售市场不断扩大,鹅、鸭等特色水禽正成为禽肉生产新的增长点;地方肉鸽品种有石岐鸽、塔里木鸽,石岐鸽肉质鲜嫩多汁,肉味鲜美,耐粗易养,塔里木鸽血、肉均可入药,具有治疗关节炎、风湿等疾病的功效。

我国是世界蜂产品生产和出口大国,国内消费量日渐增加,50%的蜂产品用于出口,蜂王浆产量占世界 90%。目前存在的主要问题是品种杂乱、缺乏系统选育、品质参差不齐,生产模式落后、缺乏综合防疫设施、滥用和盲目用药现象严重,生产规模偏小、加工产品开发不足。规划期内重点发展金华猪、乌金猪、香猪、藏猪、滇南小耳猪、八眉猪、太湖猪、优质地方鸡、特色水禽、特色肉鸽和特色蜂产品 11 种特色产品。

13) 特色水产

随着城乡居民消费水平的提高,国内特色水产的消费呈现大众化之势,其市场需求会逐步增加。鲍鱼、海胆、蟹、海参等特色水产因味道鲜美、营养丰富而备受称誉,在国内外市场上十分畅销。目前存在的主要问题是优良苗种覆盖率偏低、养殖标准化程度低、人工配给饲料的使用率低、养殖环境恶化、病害发生频繁、病害检测和防治技术滞后、养殖产业链条短、深加工比例较小、产业化与组织化程度低。规划期内重点发展鲍鱼、海参、海胆、珍珠、鳜鱼、鳟鲟鱼、长吻鮠、青虾、锯缘青蟹、黄颡鱼、黄鳝、乌鳢、鲶鱼、龟鳖和海蜇 15 种特色水产。

2.5　产业融合及其重点发展区域

2.5.1　农产品加工业与产业融合发展

农产品加工业是以农业物料、人工种养或野生动植物资源为原料进行工业生产活动的总和。广义的农产品加工业是指以农、林、牧、渔产品及其加工品为原料所进行的工业生产活动。狭义的农产品加工业是指以人工生产的农业物料和野生动植物资源及其加工品为原料所进行的工业生产活动。农产品加工业对于促进农业生产发展和提高农业生产效益具有重要意义。国际上通常将农产品加工业划分为 5 类,即食品、饮料和烟草加工,纺织、服装和皮革工业,木材和木材产品(包括家具制造),纸张和纸产品加工、印刷和出版,橡胶产品加工。我国在统计上与农产品加工业有关的是 12 个行业,即食品加工业、食品制造业、饮料制造业、烟草加工业、纺织业、服装及其他纤维制品制造业、皮革毛皮羽绒及其制品业、木材加工及竹藤棕草制品业、家具制造业、造纸及纸制品业、印刷业记录媒介的复制、橡胶制品业。

农村一二三产业融合发展是指在传统的农业生产基础上,延伸发展农产品加工、乡村休闲旅游等与农业相关的二三产业,通过延长产业链、提升价值链、重构供应链,催生新产业新业态新模式,以推动乡村繁荣发展。当前,我国城乡居民的生活方式和消费结构正在发生新的重大阶段性变化,对农产品加工产品的消费需求明显增加,对农产品质量安全问题更加关注;市场需求更加多样化,深层次的市场需求使农产品消费呈现更加侧重功能性,重视个性体验、高端服务等特点。随着农村基础设施的日益完善,城市居民对短途旅游、亲近自然的需求更加旺盛,休闲农业与乡村旅游等服务推动了农产品加工业和产业融合发展。农村一二三产业融合发展正成为新趋势。

习近平总书记在中共中央政治局第二十二次集体学习时强调,要加快建立现代农业产业体系,延伸农业产业链、价值链,促进一二三产业交叉融合。李克强总理在 2014 年底召开的中央农村工作会议上指出,在稳定粮食生产的基础上,确有必要认真研究和推进农业结构战略性调整,加快发展农业产业化,促进一二三产业融合互动,提高农业发展的质量和效益。2015 年年底,国务院办公厅正式印发了《关于推进农村一二三产业融合发展的指导意见》,共六个部分、27 条内容。第一部分是总体要求,提出了指导思想、基本原则和主要目标;第二部分至第六部分提出了推进农村一二三产业融合发展 5 个方面的重点任务,共 24 条具体措施。

2.5.2 产业融合发展的重点区域

农产品加工业以原材料和市场为导向,在空间分布上有地理集聚的特征。经济社会的发展会进一步推动农产品加工业朝规模化、区域化发展。农业部发布的《全国农产品加工业与农村一二三产业融合发展规划(2016—2020 年)》(以下简称《规划》)指出,"十二五"期间,农产品加工业快速发展,农产品加工业与农业总产值比由 1.7∶1 提高到约 2.2∶1,产业加速集聚,初步形成了东北地区和长江流域水稻加工、黄淮海地区优质专用小麦加工、东北地区玉米和大豆加工、长江流域优质油菜籽加工、中原地区牛羊肉加工、西北和环渤海地区苹果加工、沿海和长江流域水产品加工等产业聚集区。《规划》要求根据各地资源禀赋和区域布局,因地制宜推进融合发展。依托自然和区位优势,大力发展优质原料基地和加工专用品种生产,积极推动科技研发、电子商务等平台建设,培育优势产业集群。按照功能将融合发展区域分为粮油生产核心区、经济作物生产优势区、养殖产品优势区、大中城市郊区及都市农业区、贫困地区共 5 个产业聚集区。

1) 粮油生产核心区

在粮食生产核心区,大力发展优质原料基地及加工专用品种生产,积极推动大宗粮食作物产地初加工、传统加工技术升级与装备创制。在东北、长江中下游等稻谷主产区,黄淮海、长江中下游等小麦主产区,东北、华北等玉米主产区,东北、华北、西北和西南等马铃薯主产区,东北和黄淮海等大豆主产区,长江流域和北方等油菜主产区,东北农牧交错区及沿黄河花生主产区,重点开展优质原料基地建设。在东北、华北、长江中下游、大宗粮油作物生产核心区形成初加工产业带,引导生产合作组织、创新联盟发挥更大作用,建立更加专业、便捷的粮油生产仓储、物流、金融、信贷平台与服务网络,打造自然生态与传统文化结合的休闲农业发展模式。

2) 经济作物生产优势区

在经济作物生产优势区,加强加工专用原料基地建设,加快电子商务平台建设,积极推动经济作物产地初加工、精深加工和综合利用技术升级与装备创制,大力促进休闲农业发展。在渤海湾和西北黄土高原地区发展苹果原料基地,在长江上中游、浙闽粤和赣南湘南桂北、鄂西湘西发展柑橘原料基地,在华南与西南热区、长江流域、黄土高原、云贵高原、北部高纬度、黄淮海与环渤海等地发展蔬菜原料基地,在长江流域、东南沿海、西南地区发展绿茶、乌龙茶等茶专用原料基地,在华南、西南热区发展热带水果原料基地。在东南沿海、环渤海等地以及西部地区分别建设速冻果蔬、果蔬浆及果蔬干制等初加工产业带,在热带、亚热带、东北地区建设果蔬制汁制罐及副产物高值化加工产业带,在河北、山西、山东、福建、浙江、广东、广西、江苏、新疆等地建设果蔬干制及营养健康食品加工产业带,在中原、西北、贵州及江浙闽地区等建设茶饮料及速溶茶加工产业带。在新疆、长江及黄河流域等棉花主产区和广西、云南等糖料主产区发展优质原料基地及加工产业带。推动果蔬茶原料企业电子商务平台及物流体系建设,积极拓展"农产品生产＋精深加工＋休闲旅游"的融合模式,大力发展休闲农业。

3）养殖产品优势区

在养殖产品优势区,进一步加强加工原料基地建设,大力发展产地初加工和高值化综合利用,构建物流体系和信息网络共享平台。稳步推进养殖标准化和适度规模养殖,在东北、中部、西南的生猪主产区,中原、东北、西北、西南的肉牛主产区,中原、中东部、西北、西南的肉羊主产区,东北、内蒙古、华北、西北、南方和大城市郊区奶业主产区,华北、长江中下游、华南、西南、东北等肉禽优势产区和华东、华北、华中、华南、西南禽蛋主产区,分别建设肉、奶、蛋制品优质原料生产基地。在沿海地区积极保护滩涂生态环境,鼓励发展生态养殖、深水抗风浪网箱养殖和工厂化循环水养殖,开展海洋牧场建设,拓展外海养殖空间,打造生态"海上粮仓",提供优质海产品食材。在内陆地区稳定宜养区域养殖规模,充分利用稻田、低洼地和盐碱地资源,积极发展生态健康养殖,建设优质淡水产品生产基地。在沿海和长江中下游地区建设优质水产品加工产业带。推动产学研结合,大力推进技术创新与先进装备研发与推广,建立市场导向、资源聚集的加工产业集群。在原料主产区建立初加工和高值化综合利用产业带。

4）大中城市郊区及都市农业区

在京津冀、长三角、珠三角、东南沿海、长江经济带等大中城市郊区及都市农业发展区建立主食加工、方便食品加工、休闲食品加工产业带以及农产品精深加工与综合利用产业带,培育一批大型农产品加工企业、产业园区,形成具有国际竞争优势的产业带。结合大中城市郊区及都市农业区农业资源及农产品加工产业带,创新农业文化、农耕(渔事)体验、教育科普、生态观光、人文创意、饮食文化、生活服务、餐饮服务等休闲农业和乡村旅游发展模式,鼓励建设中央主食厨房、休闲农园、农产品及加工品的仓储物流设施及配送体系、网上营销等设施平台,满足城乡居民多元化、个性化的消费需求。

5）贫困地区

实施精准扶贫、精准脱贫,立足当地资源优势,因地制宜发展农产品加工、休闲农业和乡村旅游,探索支持贫困地区、革命老区、民族地区、边疆地区和生态涵养地区的产业扶贫新模式,加快农村贫困劳动力向加工业、休闲农业及服务业的转移。以农民合作社、企业等新型经营主体为龙头,立足当地资源,与农户建立稳固的利益联结机制,发展农产品生产、加工、储藏保鲜、销售及休闲、服务等融合经营,确保贫困人口精准受益。适当集中布局,培育重点产品,以县为单元建设特色产业基地,以村(乡)为基础培植特色拳头产品,实现就地脱贫,提高扶贫实效。

第3章 现代农业生产体系

近年来,中央出台了一系列强农惠农政策,持续加大农业投入力度,农业基础设施条件明显改善,物质技术装备水平不断提升,农业生产力提高取得长足进展。但我国农业生产依然面临一系列亟待解决的重大问题,在资源环境约束日益加剧的背景下,如何加快转变农业生产方式,确保粮食等重要农产品有效供给,实现绿色发展和资源永续利用,是必须破解的现实难题;在受国际农产品市场影响加深背景下,如何提升我国农业竞争力,大力提高劳动生产率、土地产出率和资源利用率,是必须应对的严峻挑战。这一系列重大问题都需要通过构建现代农业生产体系予以克服与解决。

3.1 现代农业生产体系的内涵与构成

3.1.1 现代农业生产体系的内涵

现代农业生产体系是先进生产手段和生产技术的有机结合,重点解决农业的发展动力和生产效率问题,是现代农业生产力发展水平的显著标志。构建现代农业生产体系就是要用现代物质装备武装农业,用现代科学技术服务农业,用现代生产方式改造农业,转变农业要素投入方式,推进农业发展从拼资源、拼消耗转到依靠科技创新和提高劳动者素质上来,提高农业资源利用率、土地产出率和劳动生产率,增强农业综合生产能力和抗风险能力,从根本上改变农业发展依靠人力畜力、"靠天吃饭"的局面。

3.1.2　现代农业生产体系的构成

1）现代化的生产要素

农业生产要素是在农业生产过程中，为了获得人们需要的各种农产品所必须投入的各种基本要素的总称，是构建现代农业生产体系的条件与前提。

（1）以土地和水为代表的自然资源。农业自然资源是自然资源的基本组成部分，是人们在农业生产中利用的或可能利用的自然条件。农业是高度依赖自然资源的产业，自然资源的条件很大程度上影响着农业的发展。发展现代农业要求在不破坏现有自然资源的基础上，运用现代技术手段提高资源利用率。

（2）劳动力。农业劳动力的概念包括农业劳动力的数量和质量两个方面。农业劳动力的数量是指能参与农业劳动的人数。农业劳动力的质量是指农业劳动力的体力强弱、技术熟练程度和科学、文化水平的高低。由于现代农业生产标准化和程序化的特征，其生产过程中离不开专业的"人"。只有经过严格的专业或职业训练的人，才能够紧跟生产标准，生产出优质、生态的农产品。构建现代农业生产体系必须解决"谁来种地"的大难题，培育壮大新型农业经营主体。

（3）农业资本。农业资本是在商品货币经济条件下农业生产和流通过程中所占用的物质资料和劳动力的价值形式和货币表现，也是市场经济条件下农业生产单位获取各种生产要素的不可缺少的手段。

（4）农业科学技术。农业科学技术是揭示农业生产领域发展规律的知识体系及其在生产中应用成果的总称。科学技术是现代农业发展变迁的重要动力，在现代农业的任何阶段都十分重要。推动农业科技发展可以提高农产品附加值，降低农业成本，建立高效的农产品流通体系，降低运输及储存成本。

2）科技化的生产手段

现代农业生产手段主要表现为用现代设施、装备、技术手段武装传统农业，是构建现代农业生产体系的方式与工具。

现代生产手段重点解决农业的生产效率问题。科技化的生产手段就是以比较完善的生产条件、基础设施和现代化的物质装备为基础,集约化、高效率地使用各种现代生产投入要素,包括高标准农田、水利设施、有机肥料、良种、农业机械等投入,从而达到提高农业生产率的目的。强化物质技术装备支撑,一方面是利用现代物质条件装备农业;另一方面,现代农业生产体系离不开先进的技术手段和科技创新,应利用现代科学技术提升农业生产方式,全面提高自主创新能力,推进现代种业创新发展,增强科技成果转化应用能力,促进农业机械化提档升级,推进信息化与农业深度融合。期望能在农业生物技术、信息技术、新材料技术、先进制造技术、精准农业技术等方面取得一批重大自主创新成果,改善农产品的品质、降低生产成本,以适应市场对农产品需求优质化、多样化、绿色化、标准化的发展趋势,抢占现代农业科技制高点,让科技化的农业生产方式成为现代农业生产体系的根本动力。

3) 规模化的生产方式

现代农业生产方式主要表现为规模集约生产,规模化、集约化是现代农业组织与实施的主要特征。

传统农业的特点是精耕细作,农业部门结构较单一,生产规模较小,经营管理和生产技术仍较落后,抗御自然灾害的能力差,商品经济较薄弱,基本上没有形成生产地域分工。而现代农业生产通过规模化、集约化的组织与实施,实现了更高效的生产力、更优化的农业结构、更大的规模、更丰富的经营体系与更明确的生产地域分工。新一轮农村土地制度改革以来,我国形成了农村土地所有权、承包权、经营权三权分置,经营权流转的格局鼓励农户通过互换承包地、联耕联种等多种方式,实现打掉田埂、连片耕种,解决农村土地细碎化问题,引导鼓励农民使用播种机、插秧机、收割机等机械作业,提高机械化水平和生产效率;不断加强科技研发,培育推广高科技农药、化肥、种子及科学种田方法等农业生产资料及生产方式方法,通过科技创新与农业信息化实现低投入、优产出;推行设施农业,建设高质高效水渠、管道等基础设施,推广渠灌、喷滴等设施生产方式和技术,提高农业生产效率及可持续发展能力;大力发展区域特色产业,形成区域品牌,推行标准化生产,倡导无公害、绿色、有机农业生产,注重农产品及加工品的品牌建设,推动农业向高精尖方向发展;引导推动农业的生产、加工、物流、销售等各个环节的一体化链接,实现农业的全产业链产业化发展。不断通过农业生产要素质量的提高、含量的增加、投入的集中以及要素组合方式的调整,实现农业生产方式现代化、规模化、集约化。

3.2　农业设施化与机械化

3.2.1　农田水利建设与节水灌溉

2011 年中央"一号文件"《关于加快水利改革发展的决定》指出,水是生命之源、生产之要、生态之基。兴水利、除水害事关人类生存、经济发展、社会进步,历来是治国安邦的大事。促进经济长期平稳较快发展和社会和谐稳定,夺取全面建设小康社会新胜利,必须下决心加快水利发展,切实增强水利支撑保障能力,实现水资源可持续利用。近年来我国频繁发生的严重水旱灾害造成了重大生命财产损失,暴露出农田水利等基础设施十分薄弱的问题,必须大力加强水利建设。要求把水利作为国家基础设施建设的优先领域,把农田水利作为农村基础设施建设的重点任务,把严格水资源管理作为加快转变经济发展方式的战略举措,注重科学治水、依法治水,突出加强薄弱环节建设,大力发展民生水利,不断深化水利改革,加快建设节水型社会,促进水利可持续发展,努力走出一条中国特色水利现代化道路。

1) 农田水利建设的主要内容

(1) 大江大河治理。推进主要江河河道整治和堤防建设,包括淮河治理、黄河下游治理、长江中下游河势控制和太湖、洞庭湖、鄱阳湖综合治理,建设流域防洪控制性水利枢纽工程,不断提高调蓄洪水能力。

(2) 水资源配置工程建设。完善优化水资源战略配置格局,在保护生态的前提下,建设骨干水源工程和河湖水系连通工程,提高水资源调控水平和供水保障能力。着力解决西北等地区资源性缺水问题。推进污水处理回用,积极开展海水淡化和综合利用,高度重视雨水、微咸水利用。

(3) 水土保持和水生态保护。通过小流域综合治理、淤地坝建设、坡耕地整治、造林绿化、生态修复等措施,有效防治水土流失。推进生态脆弱河流和地区水生态修复,加快污染严重的江河湖泊水环境治理。加强重要生态保护区、水源涵养区、江河源头区、湿地的保护。实施农村河道综合整治，大力开展生态清洁型小流域建设。

（4）合理开发水能资源。在保护生态和农民利益的前提下，加快水能资源的开发利用。统筹兼顾防洪、灌溉、供水、发电、航运等功能，科学制定规划，积极发展水电，加强水能资源管理，规范开发许可，强化水电安全监管。大力发展农村水电，积极开展水电新农村电气化县建设和小水电代燃料生态保护工程建设，搞好农村水电配套电网改造工程建设。

（5）水文气象和水利科技支撑。加强水文气象基础设施建设，扩大覆盖范围，优化站网布局，增强重点地区、重要城市、地下水超采区水文测报能力，加快应急机动监测能力建设，实现资料共享，全面提高服务水平。健全水利科技创新体系，强化基础条件平台建设，加强基础研究和技术研发，加大技术引进和推广应用力度。

2）节约高效用水，保障农业用水安全

（1）实施水资源红线管理。确立水资源开发利用控制红线，计划2020年和到2030年全国农业灌溉用水量分别保持在3720亿立方米和3730亿立方米。确立用水效率控制红线，计划2020年和到2030年农田灌溉水有效利用系数分别达到0.55和0.6以上。推进地表水过度利用和地下水超采区综合治理，适度退减灌溉面积。

（2）推广节水灌溉。分区域规模化推进高效节水灌溉，加快农业高效节水体系建设，计划2020年和到2030年农田有效灌溉率分别达到55%和57%，节水灌溉率分别达到64%和75%。发展节水农业，加大粮食主产区、严重缺水区和生态脆弱地区的节水灌溉工程建设力度，推广渠道防渗、管道输水、喷灌、微灌等节水灌溉技术，完善灌溉用水计量设施。加强现有大中型灌区骨干工程续建配套节水改造，强化小型农田水利工程建设和大中型灌区田间工程配套，增强农业抗旱能力和综合生产能力。积极推行农艺节水保墒技术，改进耕作方式，调整种植结构，推广抗旱品种。

（3）发展雨养农业。在半干旱、半湿润偏旱区建设农田集雨、集雨窖等设施，推广地膜覆盖技术，开展粮草轮作、带状种植，推进种养结合。优化农作物种植结构，改良耕作制度，扩大优质耐旱高产品种种植面积，严格限制高耗水农作物种植面积，鼓励种植耗水少、附加值高的农作物。在水土流失易发地区,扩大保护性耕作面积。

3.2.2　高标准农田建设及其主要内容

高标准农田是指土地平整、集中连片、设施完善、农田配套、土壤肥沃、生态良好、抗灾能力强,与现代农业生产和经营方式相适应的旱涝保收、高产稳产,划定为永久基本农田的耕地。高标准农田建设已成为国家战略部署。国家质量监督检验检疫总局、国家标准化管理委员会发布了由国土资源部和农业部牵头制定的《高标准农田建设通则》(GB/T 30600 - 2014)国家标准,该标准于 2014 年 6 月 25 日起正式实施。《高标准农田建设通则》对高标准农田的建设内容和标准进行了系统阐述。

(1)土地平整。土地平整工程指为满足农田耕作、灌排的需要,以及一定的肥力条件而进行的田块修筑和地力保持措施,包括耕作田块修筑工程和耕作层地力保持工程。

(2)土壤改良与培肥。土壤改良与培肥工程指为改善土壤理化性状、提高土壤肥力和养分平衡状态,以及消除影响作物生长的土壤障碍因素而进行的工程、机械、化学、生物等措施,包括有机质积造和施用、测土配方施肥、节水农业、土壤酸化防治、盐碱土壤治理等。土壤培肥标准应符合《高标准农田建设标准》(NY/T 2148 - 2012)的规定。

(3)灌溉与排水。灌溉与排水工程指为防治农田旱、涝、渍和盐碱等灾害而采取的各种措施,包括水源工程、输水工程、喷微灌工程、排水工程、渠系建筑物工程、泵站工程等。

(4)田间道路。田间道路工程指为满足农业物资运输、农业耕作和其他农业生产活动需要所采取的各种措施,包括田间道(机耕路)和生产路。

(5)农田防护与生态环境保持。农田防护与生态环境保持工程指为保障土地利用活动安全、保持和改善生态条件、防止或减少污染和自然灾害等所采取的各种措施,包括农田林网工程、岸坡防护工程、沟道治理工程和坡面防护工程。

(6)农田输配电。农田输配电工程指为泵站、机井以及信息化工程等提供电力保障所需的强电、弱电等各种措施,包括输电线路工程和变配电工程。

3.2.3 农业机械化及其发展重点

推进农业机械化是转变农业生产方式的迫切需要,也为振兴农机工业提供了重要机遇。农业机械化是针对目前中高端农机产品有效供给不足的问题,以发展高能效、高效率、低污染的"两高一低"农机产品为目标,以完善农机产品品种为重点,提高农机产品的信息感知、智能决策和精准作业能力。

(1)新型高效拖拉机。重点突破低油耗、低排放、低噪声的发动机、清洁燃料与新能源农用动力、动力换挡与全自动换挡、自动导航作业等关键技术,研制重型动力换挡、无级变速拖拉机,大型动力换挡、动力换向拖拉机,大型橡胶履带拖拉机,电控喷射与新能源拖拉机,大中功率智能操控拖拉机,菜园、果园、设施园艺及水田、丘陵山地等专用拖拉机。

(2)播种移栽机械。重点突破高速精量排种、播深调控、种肥远距离输送、高效育秧播种、健壮苗识别、精准插秧、膜上栽植、智能化监控等关键技术,开发玉米、小麦、大豆、马铃薯、花生精量播种,水稻精量直播、育秧及高速移栽、油菜直播、甘薯栽插、蔬菜高速移栽机械,以及适应南方叶菜种植的多行密距移栽机、大棚无土栽培的高速移栽机械、无土栽培叶菜棚内机械设备、移动苗床、收割机械等,形成适应不同栽培种植模式和农艺要求的高效机械化栽种技术装备。

(3)精量植保机械。突破基于路径规划、病虫草害快速识别及数据实时传输与处理、变量喷雾控制、高地隙自走底盘的土壤—植物—机器系统适应性、基于作物信息反馈的3S技术导航控制下的精准施药、基于作业速度自动调节喷量的变量施药、在线校准等关键和共性技术,开发对靶性强、可减少雾滴飘失的施药装备。围绕"四大"主粮作物及棉花、甘蔗、蔬菜、水果、茶叶等经济作物,研制大田机动宽幅施药装备、水田植保机械、果园和蔬菜植保设备及应用于大面积农田及草场施药作业的农用航空植保装备。

(4)高效能收获机械。重点突破粮棉油糖收获装备大型化、智能化、高效管控升级关键技术,研制籽粒直收和茎穗兼收等玉米联合收割机、马铃薯联合收获机、大型智能及区域适应性棉花采收机、油菜分段与联合低损收割机、高效甘蔗联合收割机、机械收获甘蔗除杂处理设备等。研发木本油料、橡胶、麻类、薯类、果蔬类等特色农作物收获技术与装备。

（5）种子加工与繁育机械。突破精细选别、计数包装、活性测定、DNA快速提取、无损检测分选等关键技术，研制大型种子加工成套装备，包括种子干燥、种子精选分级、种子超声波处理、种子包衣包装、种子安全储存等系列技术与装备，提升我国种子加工成套设备的整体技术水平。突破智能控制、自动供种、椎体分种、种盘自净、定行定量及籽粒直收、气吹自净等关键技术，研制包括小区株行条播机、小区穗行条播机、小区精密播种机、小区玉米条播机、小区玉米籽粒直收收获机、小麦小区联合收获机等系列产品在内的种子繁育机械，形成具有自主知识产权的系列化育种装备技术体系，提升我国种子繁育机械化、智能化水平。

（6）烘干机械。重点突破在线水分测量、真空低温干燥、热风真空双效干燥、红外真空组合干燥、太阳能谷物干燥、PLC控制、多燃料系统开发、成型生物质燃料热风炉热效率提升等关键技术，优化谷物烘干过程模型、特色农副产品烘干工艺模型，开发高效能、多燃料烘干组合、智能型烘干机，提高粮食、特色农副产品烘干的生产率和质量。

（7）畜牧业机械。重点开发青贮玉米、甜高粱等种植、收获、加工、储藏技术装备，苜蓿、燕麦等高产牧草精量播种机械，禾豆混播、草场生产管理、收割打捆、储运、节能干燥及加工、青贮机械等技术装备，饲草料营养安全保真加工技术装备，畜禽生产自动化技术装备，饲料散装散运、草原生物灾害防控和高原高寒地区、黑土滩治理区、沙化草地区使用的治虫灭鼠、毒害草防控、牧草病害防治等专用机械。

（8）渔业机械。突破水产养殖环境智能化调控与装备保障关键技术，研制设施化养殖水质调控、精准投喂、机械化管控系统装备，研发深远海浮式养殖平台、设施及系统装备，研制筏式养殖工程化设施及机械化作业装备。突破大型捕捞装备电液一体化控制与渔船安全节能技术，研制大洋性作业渔船大型围网起网机、拖网绞纲机、连续式泵吸设备、南极磷虾专业化捕捞加工船、大型拖网加工船、机电一体化高效能渔船和节能型玻璃钢渔船。

（9）农产品初加工机械。重点突破粮食、果蔬等大宗及优势农产品高品质节能干燥、高通量清选、检测分级及包装、质量追溯等关键技术，开发食用菌、中药材、茶叶等特色农产品清选、分级、干燥、包装等智能成套装备，禽类自动分割、蛋品清洗、水产品自动剥制成套装备及自动化生产线,以及转运仓储、保鲜物流、配送系统等。

(10)耕整地机械。围绕高标准农田建设、黑土地保护、中低产田与盐碱地改造、流转土地规模化与地力提升改造、建设占用耕地剥离耕作层土壤再利用对工程技术装备需求,重点突破土壤取样及检测校准、节能高效深松、土壤耕层剥离等关键技术,提升激光平地、深松、开沟铺管、标准筑埂等装备的技术性能。

(11)山地丘陵农机。重点突破轻便高效动力技术、山地节力物运技术、小型履带多功能底盘的爬坡与稳定性技术,研发适合丘陵地区主要粮食作物、经济作物等生产的农机装备,以及轻便化、小型化设施装备。

(12)节水灌溉与水肥一体化装备。重点突破大型排灌用泵及装置的抗气蚀、磨蚀技术,研发高抗堵、低流量、精准控制喷滴灌技术装备。开发适用于丘陵山区的多功能中小型灌溉机组、顶部喷灌与底部微灌装置。推进智能化控制与节水灌溉技术装备的有机结合。研究区域节水农业技术模式和技术体系,建立低能耗精确喷灌技术模式,提高水肥一体化装备的适应性。

3.3 农业科技化与信息化

3.3.1 农业科技创新与推广

农业科技水平是衡量一个国家农业现代化程度的重要标志。我国作为农业大国,2017 年农业科技进步贡献率已达 57.5%。当前,我国的农业发展方向已经从主要追求产量和依赖资源消耗转变为质量效益并重,注重提高竞争力和可持续发展上来。当今世界,科技革命来势迅猛,生物技术、信息技术已经进入市场,我们要迎头赶上,否则就没有出路。国际间的农业竞争说到底是科技竞争,科技决定着未来农产品市场的份额和农业发展的前景。为了推动农业全面升级、农村全面进步、农民全面发展,必须着力促进农业科技创新,以科技创新引领农业供给侧结构性改革,不断提升我国农业水平和国际竞争力,加快培育农业农村发展新动能。近年来,中央出台的促进农业科技发展的政策文件主要有《关于加快推进农业科技创新持续增强农产品供给保障能力的若干意见》(2012 年中央"一号文件")、《促进科技成果转移转化行动方案》(国办发〔2016〕28 号)、《"十三五"国家科技创新规划》《"十三五"国家信息化规划》《"十三五"全国农业农村信息化发展规划》等。

1) 农业科技的基本功能

(1) 增加农产品数量,改善农产品品质,保障重要农产品的有效供给。农业最基本的任务是保障人们的食物供给和其他重要工业原料的供给。农业的供给情况由农业资源的数量、质量和农业科技水平决定,而从长期和根本上来看,农业科技水平是农业供给的最终决定因素。应通过大力发展农业科技的研发、教育和推广事业,推动农业科技进步,提升农业的现代化水平,从而增加农产品的数量和质量,以保证重要农产品的有效供给。

(2) 提高农业经营效益,增加农业经营者收入。其关键环节是增加农产品的科技含量,以提高其质量和效益。由于农业经营具有长期性,沉没成本高,农产品的长期有效供给有赖于相对稳定的农业经营者群体。而稳定的农业经营者群体要求获得相对稳定和相当水平的农业经营效益。我国的农业经营效益长期低于其他产业,这就要求不断提高农业经营效益,以稳定农业经营者群体。要提高农业经营效益,从根本上来讲是要靠农业科技的支撑,以提高农业生产要素的报酬率。

(3) 提高我国农产品比较优势、增强农业国际竞争力。现代的国际间的竞争实际是科技竞争,谁拥有了更先进的技术,谁就会在国际经济发展中占有优势,成为"领头羊"。面对竞争激烈的国际市场,世界农业对我国的冲击表面上是关税降低、农产品进口量剧增而导致价格竞争,影响我国农产品的产出量,进而影响农业经营者的收入,实际上是价格竞争背后的农业生产经营组织和科学技术应用的竞争。因此,要降低生产成本,提高产品质量,对农产品进行深度加工,提高附加值,以迎接挑战,参与国际竞争。

(4) 缓解资源短缺压力、保护生态环境。本来我国人均占有的农业资源就非常有限,又由于城市化、工业化进程的加快,势必造成对农业资源的挤占。在人口压力不断增加的条件下,一方面要保障农产品的供给,另一方面又要应对农业资源的减少,这就要求国家通过相关政策保护和改善农业资源环境,实现农业的可持续发展,而其根本出路在于科技的进步,在于新的农业科技革命。

2）农业科技创新的重点

《"十三五"国家科技创新规划》提出发展高效安全生态的现代农业技术，以加快推进农业现代化、保障国家粮食安全和农民增收为目标，深入实施藏粮于地、藏粮于技战略，超前部署农业前沿和共性关键技术研究。以做大做强民族种业为重点，发展以动植物组学为基础的设计育种关键技术，培育具有自主知识产权的优良品种，开发耕地质量提升与土地综合整治技术，从源头上保障国家粮食安全；以发展农业高新技术产业、支撑农业转型升级为目标，重点发展农业生物制造、农业智能生产、智能农机装备、设施农业等关键技术和产品；围绕提高资源利用率、土地产出率、劳动生产率，加快转变农业发展方式，突破一批节水农业、循环农业、农业污染控制与修复、盐碱地改造、农林防灾减灾等关键技术，实现农业绿色发展。具体包括以下内容。

（1）生物育种研发。以农作物、畜禽水产和林果花草为重点，突破种质资源挖掘、工程化育种、新品种创制、规模化测试、良种繁育、种子加工等核心关键技术，培育一批有效聚合高产、高效、优质、多抗、广适等多元优良性状的突破性动植物新品种。

（2）粮食丰产增效。围绕粮食安全和农业结构调整对作物高产高效协同、生产生态协调的科技需求，在东北、黄淮海、长江中下游三大平原开展水稻、小麦、玉米三大作物丰产增效新理论、新技术和集成示范研究，使产量提高 5%，减损降低 5% 以上，肥水效率提高 10% 以上，光温资源效率提高 15%，生产效率提高 20%。

（3）主要经济作物优质高产与产业提质增效。以种植规模较大的果树、花卉、茶叶、木本（草本）油料、热带经济作物、特色经济植物、杂粮等为对象，重点突破增产提质增效理论和方法，创制优异新种质，研发新产品，形成高效轻简技术，确保我国农业产品多样性和国家农业安全，促进主要经济作物产业提质增效。

（4）海洋农业（蓝色粮仓）与淡水渔业科技创新。研究种质资源开发、新品种选育、淡水与海水健康养殖、捕捞与新资源开发、精深加工、渔业环境保护等新原理、新装备、新方法和新技术，建成生态优先、陆海统筹、三产贯通的区域性蓝色粮仓，促进海洋农业资源综合利用，改善渔业生态环境，强化优质蛋白供给，引领海洋农业与淡水渔业健康发展。

（5）畜禽安全高效养殖与草牧业健康发展。以安全、环保、高效为目标，围绕主要动物疫病检测与防控、主要畜禽安全健康养殖工艺与环境控制、畜禽养殖设施设备、养殖废弃物无害化处理与资源化利用、饲料产业、草食畜牧业、草原生态保护和草牧业全产业链提质增效等方面开展技术研发，为我国养殖业转型升级提供理论与技术支撑。

（6）林业资源培育与高效利用。加强速生用材林、珍贵用材林、经济林、花卉等资源的高效培育与绿色增值加工等关键技术研究，开展林业全产业链增值增效技术集成与示范，形成产业集群发展新模式，单位蓄积增加15%，资源利用效率提高 20%，显著提升主要林产品的国际竞争力。

（7）农业面源和重金属污染农田综合防治与修复。突破农林生态系统氮磷、有毒有害化学品与生物、重金属、农林有机废弃物等污染机理基础理论及防治修复重大关键技术瓶颈，提升技术、产品和装备标准化产业化水平。

（8）农林资源环境可持续发展利用。突破肥药减施、水土资源高效利用、生态修复、农林防灾减灾等关键技术，加强农作物病虫害防控关键技术研究，提升农作物病虫害综合治理能力，推动形成资源利用高效、生态系统稳定、产地环境良好、产品质量安全的农业发展格局。

（9）盐碱地等低产田改良增粮增效。加强盐碱地水盐运移机理与调控、土壤洗盐排盐、微咸水利用、抗盐碱农作物新品种选育及替代种植、水分调控等基础理论及改良重大关键技术研究，开发新型高效盐碱地改良剂、生物有机肥等新产品和新材料。开发盐碱地治理新装备，选择典型盐碱地及低产田区域建立示范基地，促进研发成果示范应用。

（10）农业生物制造。以生物农药、生物肥料、生物饲料为重点，开展作用机理、靶标设计、合成生物学、病原作用机制、养分控制释放机制等研究，创制新型基因工程疫苗和分子诊断技术、生物农药、生物饲料、生物肥料、植物生长调节剂、生物能源、生物基材料等农业生物制品并实现产业化。

（11）农机装备与设施。突破决策监控、先进作业装置及其制造等关键核心技术，研发高效环保农林动力、多功能与定位变量作业、设施种植和健康养殖精细生产、农产品产地处理与干燥、林木培育、采收加工、森林灾害防控等技术与装备，形成农林智能化装备技术体系，支撑全程全面机械化发展。

（12）农林生物质高效利用。研究农林废弃物（农作物秸秆、畜禽粪便、林业剩余物等）和新型生物质资源（能源植物、微藻等）的清洁收储、高效转化、产品提质、产业增效等新理论、新技术和新业态，使农林生物质高效利用技术进入国际前列，利用率达到80%以上。

（13）智慧农业。研发农林动植物生命信息获取与解析、表型特征识别与可视化表达、主要作业过程精准实施等关键技术和产品，构建大田和果园精准生产、设施农业智能化生产及规模化畜禽水产养殖信息化作业等现代化生产技术系统，建立面向农业生产、农民生活、农村管理以及乡村新兴产业发展的信息服务体系。

（14）智能高效设施农业。突破设施光热动力学机制、环境与生物互作响应机理等基础理论，以及设施轻简装配化、作业全程机械化、环境调控智能化、水肥管理一体化等关键技术瓶颈，创制温室节能蓄能、光伏利用、智慧空中农场等高新技术及装备，实现设施农业科技与产业跨越发展。

3）农业技术推广体系

农业技术推广体系是为农业生产提供技术指导、技术咨询、技术服务的各类组织机构和方法制度的总称。农业技术推广是联系科研和生产系统的纽带，是农业技术成果转化为现实生产力的关键环节，是农业科技成果从实验室到农业实践的"最后一公里"。农业技术推广体系是促进农业创新成果转化的重要载体和途径，是农业推广工作的基础和组织保证，也是我国农业支持和保护体系的重要组成部分，它为我国农业生产技术进步和农产品产量提高起到了极大的促进作用。自2012年中央"一号文件"明确提出要"进一步健全机构体系、稳定人员队伍、转换服务机制、创新服务方法，切实提升农技推广服务能力"以来，我国农技推广服务体系不断完善强化，农技推广服务能力稳步发展提高。

各个国家政治、经济体制不同，相应农业技术推广体系也各异。美国实行教学、科研、推广三位一体的推广体系，由州立农学院统一领导与管理。中国的农业推广体系是在政府统一领导下，地方各级政府农业行政部门分别管理施行。随着社会主义市场经济体制的建立，体系开始向多元化方向发展。中国的现代农业不可能走欧美发达国家大型农场式经营的道路，只能在小规模的家庭经营模式下实现农业现代化。而在耕地资源极其有限的条件下,要通过分散、独立的家庭式农业生产养活十几亿人口,根本途径就是农业科技的转化与推广。因此,只有通过政府主导的方式,将农业科技作为公共物品供给广大个体农户,同时增加供给渠道,让企业、科研院所、合作社作为农业科技推广和服务的主体,通过政府搭建平台让农民能够在市场上以多种方式获得自己需要的农业科技服务,才能更有效地推动农业科技的转化与推广,从而加快我国的农业现代化步伐。

“一主多元”农业推广体系是指以中央、省、市、县、乡五级农业技术推广机构为依托,农业院校、科研机构、农民专业合作社、专业技术协会和涉农协会等多元化主体广泛参与的技术推广体系。该体系在社会主义市场经济体制下由多个社会主体共同构成,尽管它们各自职能定位不同,但相互之间关系紧密,互为补充、不可替代。可以说,中国农业推广体系的改革就是一元向“一主多元”农业推广体系转变的过程。在科学发展观的指导下,重新整合多个社会主体,实行政府统筹、多方协作、优势互补、平等竞争,在坚持“一主”的同时,发挥“多元”的作用,多层次、多角度、多方位地满足农民对农业科技服务日益增长的需求,推进现代农业的发展。

3.3.2　农业信息化的主要应用领域

农业信息化是指在农业领域全面地发展和应用现代信息技术,使之渗透到农业生产、市场、消费以及农村社会、经济、技术等各个具体环节的全过程。

1) 农业生产信息化

农业生产信息化是指物联网、大数据、空间信息、智能装备等现代信息技术与种植业(种业)、畜牧业、渔业、农产品加工业生产过程的全面深度融合和应用,以提升农业生产精准化、智能化水平。

(1) 大田种植业信息技术应用。在高标准农田、现代农业示范区等大宗粮食和特色经济作物规模化生产区域,构建“天—地—人—机”一体化的大田物联网测控体系,发展精准农业。推广水稻智能催芽、测土配方施肥、水肥一体化精准灌溉、航空施药和大型植保机械等智能化技术和装备。推动遥感技术在监测土壤墒情、苗情长势、自然灾害、病虫害、轮作休耕和主要农产品产量等方面的应用。推广基于北斗系统的深松监测、自动测产、远程调度等作业的大中型农机物联网技术。建立以农作物品种 DNA 身份鉴定制度、标签标示信息代码制度和种子委托生产代销备案制度为基础的种子生产、经营、流通可追溯体系,全面提升种业数据采集、分析能力和信息化水平。

(2) 设施农业信息技术应用。推广温室环境监测、智能控制技术和装备,重点加快水肥一体化智能灌溉系统的普及应用。加强分品种温室作物生长知识模型、阈值数据和知识库系统的开发与应用,不断优化作物的最佳生产控制方案。加强果蔬产品分级分选智能装备、花果菜采收机器人、嫁接机器人的研发示范,应用推广智能化的植物工厂种植模式。

(3) 畜禽养殖业信息技术应用。以猪、牛、鸡等主要畜禽品种的规模化养殖场站为重点,加强养殖环境监控、畜禽体征监测、精准饲喂、废弃物自动处理、智能养殖机器人、网络联合选育系统、智能挤奶捡蛋装置、粪便和病死畜禽无害化处理设施等信息技术和装备的应用。加强二维码、射频识别等技术应用,构建畜禽全生命周期质量安全管控系统。加强动物疫病监测预警,提升重大动物疫病防控能力。

(4) 渔业信息技术应用。加快渔业物联网示范应用,在水产养殖重点区域推广应用水体环境实时监控、饵料自动精准投喂、水产类病害监测预警、循环水装备控制、网箱升降控制等信息技术和装备,加强陆基工厂、网箱、工程化池塘养殖的信息技术应用,开展深远海养殖平台的研发与应用,努力实现水产养殖装备工程化、技术精准化、生产集约化和管理智能化。大力推广北斗导航技术在渔船监测调度和远洋捕捞中的应用,为海洋渔船配备卫星通信、定位、导航、防碰撞等渔船用终端,升级改造渔业通信基站,完善全国海洋渔船渔港动态监控管理系统,升级改造中国渔政管理指挥信息平台,提高渔业生产信息服务水平,保障渔业生产安全。

(5) 农产品加工业信息技术应用。完善农产品产地初加工补助政策管理信息系统,探索建立粮食烘干、果蔬贮藏、采后商品化处理等初加工设施大数据平台,加强农产品产地贮藏、加工情况监测。鼓励农产品加工企业推进信息化建设,积极发展智能制造,加强拣选、加工、包装、码垛机器人等自动化设备的研发应用,推广普及智能报警的安全生产风险控制系统,利用大数据实现精准生产、精准营销,加快建立涵盖原料采购、生产加工、包装仓储、流通配送全过程的质量安全追溯体系。

2) 农业农村电子商务

(1) 统筹推进农业农村电子商务发展。注重提高农村消费水平与增加农民收入相结合,建立农产品、农村手工制品上行和消费品、农业生产资料下行双向流通格局,扩大农业农村电子商务应用范围。积极配合商务、扶贫等部门,加强政企合作,大力推进农产品特别是鲜活农产品电子商务,重点扶持贫困地区利用电子商务开展特色农业生产经营活动。鼓励发展农业生产资料电子商务,开展农业生产资料精准服务。创新休闲农业网上营销和交易模式,推动休闲农业成为农业农村经济发展新的增长点。加强农业展会在线展示、交易。

(2) 破解农业农村电子商务发展瓶颈。加强产地预冷、集货、分拣、分级、质检、包装、仓储等基础设施建设,强化农产品电子商务基础支撑。以鲜活农产品为重点,加快建设农业农村电子商务标准体系。完善动植物疫病防控体系和安全监管体系,建立全国农产品质量安全监管追溯体系,提升信息化监管能力和水平。加强电子商务领域信息统计监测,推动建立企业与监管部门数据共享机制和标准。开展农产品、农业生产资料和休闲农业试点示范,探索一批可复制、可推广的发展模式。

(3) 培育农业农村电子商务市场主体。开展新型农业经营主体培训,鼓励建立电商大学等多种形式的培训机构,提升新型农业经营主体电子商务应用能力。发挥农业部门的牵线搭桥作用,组织开展电商产销对接活动,推动农产品网上销售。鼓励综合型电商企业拓展农业农村业务,扶持垂直型电商、县域电商等多种形式电商的发展壮大,支持电商企业开展农产品电商出口交易,促进优势农产品出口。大力推进农产品批发市场电子化交易和结算,鼓励新型农业经营主体应用信息管理系统等。

3) 农业政务信息化

(1) 推进政务信息资源共享开放。完善政务信息资源标准体系,推进政务信息资源全面、高效和集约采集,推动业务资源、互联网资源、空间地理信息、遥感影像数据等有效整合与共享,形成农业政务信息资源"一张图"。制定农业政务信息资源共享管理办法和数据共享开放目录,建设政务信息资源共享开放服务平台。推进部省农业数据中心云化升级,提高计算资源、存储资源、应用支撑平台等的利用效率。推动形成跨部门、跨区域农业政务信息资源共享共用格局,有序推动数据资源向社会开放,逐步实现农业农村的历史资料数据化、数据采集自动化、数据使用智能化、数据共享便捷化。

(2)推动农业农村大数据发展。加强农业农村大数据建设,完善村、县相关数据采集、传输、共享基础设施,建立农业农村数据采集、运算、应用、服务体系,统筹国内国际农业数据资源,强化农业资源要素数据的集聚利用。加快完善农业数据监测、分析、发布、服务制度,建立健全农业数据标准体系,提升农业数据信息支撑宏观管理、引导市场、指导生产的能力。推进各地区、各行业、各领域涉农数据资源的开放共享,加强数据资源挖掘应用。

(3)强化农业政务重要信息系统深化应用。建设智能化、可视化政务综合管理(应急指挥)大厅,升级完善全国农业视频会议系统,满足政务综合管理、日常监管、应急处置和决策指挥需要。顺应移动互联网发展趋势,在确保保密和安全的前提下,加快研发运行移动办公系统,深化农业行业统计监测、监管评估、信息管理、预警防控、指挥调度、行政审批、行政执法等重要电子政务业务系统建设,提高农业行政管理效能。建设高效、集约、统一的农业门户网站与新媒体平台、"三农"舆情监测和"三农"综合信息服务系统,提升对外宣传、舆论引导和政务服务能力。构建农业电子政务一体化运维管理体系,实现运维管理由被动向主动转变,确保安全稳定运行、持续可靠服务。

(4)网络安全保障能力建设。加快构建农业系统关键信息基础设施安全保障体系,完善网络和信息安全保障管理制度,建立信息安全通报机制,推动信息系统和网络接口整合。加强信息系统等级保护定级、测评和整改,强化重要信息系统和数据资源安全保护。实行数据资源分类分级管理,提高网络信息安全保障能力,实现数据资源安全、高效和可信应用。强化网络信息安全设备和安全产品配备,完善身份鉴别、访问控制、安全审计、边界防护及信息流转控制等安全防护手段,建设信任服务、安全管理和运行监管等系统,科学布局灾备中心。增强网络安全防御能力,全天候全方位感知网络安全态势,确保网络环境安全和网络秩序良好,坚决防止重大网络安全事件的发生。

4）农业农村信息服务

（1）信息进村入户。坚持把信息进村入户作为现代农业发展的重大基础性工程来抓，将其打造成"互联网＋"在农村落地的示范工程。加快益农信息社"整省推进"建设速度。构建信息进村入户组织体系，不断完善部管理协调、省统筹资源、县运营维护、村户为服务主体的推进机制。强化制度规范建设，研究制定管理办法和标准体系，探索将信息进村入户工作纳入地方党委政府绩效考核。建立政府补贴制度，研究出台政府购买服务政策，积极引导电信运营商、电商、IT 企业、金融机构等共同推进信息进村入户，健全市场化运营机制，推动组建信息进村入户全国和省级运营实体。突出公益性服务，协同推进经营性服务，不断完善以 12316 为核心的公益服务体系，丰富便民服务内容，推进电子商务快速发展，提升体验服务效果。上线运行信息进村入户全国平台和家庭版、村社版等移动终端应用系统，支持各省（区、市）建设区域性数据平台。围绕农业农村大数据建设，强化益农信息社的数据采集功能。加大涉农信息资源整合共享力度，协调推动村务公开、社会治理、医疗保险、文化教育、金融服务等领域的信息化建设和应用。

（2）农民信息化应用能力建设。面向新型农业经营主体、新型服务主体、新型职业农民和农业部门工作人员开展农业物联网、电子商务等信息化应用能力培训，提升技术水平、经营能力和信息素养。加强新型职业农民培育的信息化建设，为新型职业农民提供在线教育培训、生产经营支持、在线管理考核等服务。加快提升农业技能开发工作信息化水平，提高工作效率。利用各级农业部门现有培训项目、资源和体系，动员企业、行业协会等社会各界力量广泛参与，开展农民手机应用技能培训。组织农民手机使用技能竞赛，推介适合农民应用的 App 软件和移动终端，为农民和新型农业经营主体构建支持生产、提升技能、学习交流的平台和工具。加强农技推广服务信息化，开展农技人员专业化培训，实现科研专家、农技人员、农民的互联互通，提升农技人员的业务素质，为农民提供精准、实时的指导服务。

（3）农业信息社会化服务体系建设。支持农业社会化服务组织信息化建设，支持科研机构、行业协会、IT 企业、农业产业化龙头企业、农民合作社等市场主体发展生产性服务，并积极利用现代信息技术开展农业生产经营全程托管、农业植保、病虫害统防统治、农机作业、农业农村综合服务、农业气象"私人定制"等服务,推动分享经济发展。鼓励农民基于互联网开展创业创新,参与代理服务、物流配送等产业基础环节服务。利用"互联网+"创新农业金融、保险产品,增强信贷、保险支农服务能力。推进农业数据开发利用、农产品线上营销等信息服务业态发展,拓展农业信息服务领域。加强农业博物馆现有实体陈列和馆藏农业文物数字化展示。

3.4 农业标准化与农产品质量安全

农业标准化是指以农业为对象的标准化活动,具体而言,是指对农业经济、技术、科学、管理活动中需要统一、协调的各类对象制订并实施标准,使之实现必要而合理的统一活动。农业标准化对于现代农业品牌建设、农产品质量安全、农产品国际贸易有着重要的促进作用,也是现代农业产业化的基础工程。

3.4.1 农业标准化的内涵与重要意义

1) 农业标准化的内涵

与农业标准化相关的研究最早是由鲁道夫·斯蒂纳(Rudolf Steiner)于1924年提出的有机农业(organic agriculture)和诞生于20世纪60年代现被西方发达国家广泛用于食品安全质量控制中的"危害分析与关键控制点"(Hazard Analysis and Critical Control Point,HACCP)。而国内研究对农业标准化含义的界定观点不一。按农业标准化的行为属性分为过程论和活动论。过程论认为农业标准化是指农业生产经营活动在以市场为导向的基础上,按照科学的标准,采用相应的技术,生产一定规格尺寸、质量水平和包装形式的农产品的过程。活动论认为农业标准化是指在农业范围内获得最佳秩序,参与农业生产经营活动的各利益集团经过沟通协调对实际的或潜在的问题制定共同的和重复使用的规则,以及对其遵守、实施和修正的一系列活动。另外,还有学者认为农业标准化不仅仅局限在生产环节,产后农产品的初级加工、贮藏、包装、保鲜、运输及销售等相关的技术标准和操作规范也是重要的内容,这些标准共同组成了农业标准化的内容。

综上信息,农业标准化可以理解为运用"统一、简化、协调、优选"的标准化原则,对农业生产产前、产中、产后全过程,通过制定标准和实施标准,促进先进的农业成果和经验的迅速推广,确保农产品的质量和安全,促进农产品的流通,规范农产品市场秩序,指导生产,引导消费,从而取得良好的经济、社会和生态效益,以达到提高农业竞争力的目的。

2)农业标准化的重要意义

随着经济全球化进程的日益加快,欧美等发达国家大力实施农业标准化战略。从产业发展角度来看,发达国家的标准化已经贯穿于农业生产的全过程,业已形成从农业标准的制定实施到标准化农产品的检测、加工、运输和销售等较为完整的农业标准化体系,其农业标准化的全程运作不仅保证了农产品的质量安全,也推动了现代化农业的升级。从国际贸易角度来看,发达国家通过技术专利化、专利标准化、标准全球化及标准准入等"技术壁垒"来抢占更多的国际市场,既保护了本国农业生产,又提高了产业的国际竞争力。

(1)农业标准化能够提高农产品质量。实施农业标准化能够控制农产品生产的全过程,确保农产品质量的提高。首先,在育种上就会围绕农业发展的方向(比如优质)选育良种,优化同类农产品的品种和品质,使得产品结构更趋合理;其次,在生产过程中,农民是通过追求质量而达到提高效益的目标,这样他们要选择具有生产优势的优良品种,充分发挥地方的比较优势,按照作物生产的要求使用规定的化肥、农药,按照操作规程进行作业,依靠先进适用的科学技术,提高劳动生产率,改善、保证产品质量;最后,对收获的农产品按照产后标准和要求进行贮藏、保鲜、加工等实现产品标准化,就可以凭借基本统一的品质和规格,进入各级农产品市场,成为通用加工原料,使得农产品具有了更大的市场空间,更长的产业链,从而扩展了营销渠道和途径,通过更多种的形式和渠道进入市场。

(2)农业标准化有助于农产品市场推广和品牌化。农产品品牌是一个地区农业综合实力的体现,是农产品质量、品质、价值的象征,是农业标准化、产业化高度发展的产物。农业标准化可以为农产品品牌质量加强过程控制:在产地选择上,确定农田、大气、土壤及灌溉用水等各项指标的环境质量标准,要求周边无污染源;在生产环节上,确定从良种选用到栽培方式、新技术应用、基础设施、节水灌溉、农机作业等方面的生产技术操作规程;在投入品的使用上,确定使用肥药种类、剂量、次数、时间、方法等使用准则;在质量管理上,制定技术培训、产品检测、标志管理、生产记录、建立档案等可追溯措施。此外,在收获及收获后管理上,对产品的收获、加工、包装、贮运、销售确定了各类规定,真正体现了农产品"从土地到餐桌"的全程质量控制,从而实行产地环境、综合整地标准、农田建设、生产技术、农资使用、田间管理、收获储运、产品加工、商品包装、过程记载的标准化,保障农产品质量安全的实施过程,为农产品品牌建设提供了操作性强的具体标准。

(3) 农业标准化能够促进农产品国际贸易。在农产品国际贸易中,传统的贸易保护逐渐受到限制,而技术性贸易壁垒(technical barries to trade,TBT)越来越成为国际贸易的严重阻碍,一些国家和地区在技术标准、标志认证以及卫生检疫方面限制进口。对于我国农产品而言,只有首先达到了相应的国际标准(至少是食品安全卫生标准),与国际标准接轨,才具有进一步发展农产品贸易的资格,才具有讨价还价的能力。所以,通过实施标准化生产,控制生产全过程,确保农产品质量,才能进一步根据我国的国情和特点发挥比较优势,参与农业生产的国际分工,争取更大的国际市场。

3.4.2　农业标准化的主要内容

1) 农业标准体系的建立

农业标准体系一般包括如下亚体系:①农资与生产环境标准体系(决定生产基础与生产原料的达标);②农业生产过程质量控制标准体系(监督生产过程的达标);③有害生物管理标准体系(外来可控有害因子的抑制);④农产品质量检验认证标准体系(农产品最终认可与质量定级);⑤农业服务标准体系(实施上述四大体系过程中的技术保障)。在此基础上,按照不同生物生产过程及其特点进行归位,形成能够反映"生物个性"的实施标准,横向成为各自体系,纵向则贯穿为农业体系标准内容。

2) 农业标准化体系与运作

农业标准体系是农业标准化体系建立的基础,农业标准化体系则是农业标准体系得以实现的保障和动力。农业标准化体系的运行是一个系统工程,既需要相应的硬件支持体系,又需要一支强大的、能够依照标准要求实施各个环节的技术督导和实施队伍,还需要营造良好顺畅的管理氛围。硬件体系就是能够反映客观实际的标准体系,例如由有关标准方面的法规、高效贯穿机制、标准质量控制检测体系等构成标准实施的有形框架。保证标准的技术实施,就是要有一支结构清晰、链接顺畅、精明能干的标准推行队伍,能够承担农业标准化的培训、指导及质量把关任务,特别是对农民的标准知识贯穿培训和自身水平的不断提高。良好的管理氛围也不能忽视。农业标准化的实施几乎是一个全民的工程,由于其复杂性和涉及的广面性,注定其实施将与民俗、本土文化及农耕习惯等紧密结合,营造舒畅的管理氛围对任务的贯穿和实现具有重要意义。

农业标准化在我国的历史上发展十分缓慢,几乎没有形成应有的理论体系。但在实践中,劳动人民从方方面面都形成了具有一定区域性的通用农业操作方法来反映农事的本质,从侧面体现了标准的推进和应用。加入世贸组织后,落后的农业标准形式成为束缚我国农业发展和农产品出口的瓶颈,国家应及时调整和加强力量,推动农业标准化机构及相关体系的建立,鼓励在农业标准理论上的研究和探讨。

关于农业标准化,国外有多个联盟或者协会,如国际植物保护公约(International Plant Protection Convention,IPPC)、国际橄榄油理事会(International Olive Oil Council,IOOC)、世界动物卫生组织(Office International Des Epizooties,OIE)等,出现过具体的制标方法、注意事项或者标准规则,如质量标准方面的危害分析与关键控制点(Hazard Analysis and Critical Control Point,HACCP)、药品生产质量管理规范(Good Manufacturing Practices,GMP)、良好农业规范(Good Agricultural Practices,GAP)等。这些标准和规则多集中在产品与市场方面,形似企业或行业标准规则。由于我国农业不同于国外农场式的生产体系,我们既要考虑到千家万户农民的微观生产指导,又要照顾到地方及国家宏观调控及整个农业生产过程的特点。所以,农业标准化框架体系是实现我国农业标准化的前提和依据。

3.4.3　标准化农业生产基地

2008 年中央"一号文件"《关于切实加强农业基础建设进一步促进农业发展农民增收的若干意见》提出,推进创建蔬菜、水果标准园,畜禽标准化规模养殖场及水产健康养殖示范场,全面提高农业发展的物质技术支撑水平。

1) 蔬菜标准园

2009 年农业部为进一步提高园艺产品质量安全水平,增强园艺产业竞争力,颁发了《全国蔬菜标准园创建工作方案》的通知(农办农〔2009〕121号),其中提到蔬菜标准园创建的主要内容是达到"五化"。

(1) 规模化种植。设施蔬菜集中连片面积(设施内面积)200 亩以上,露地蔬菜集中连片面积 1000 亩以上,水、电、路基础设施配套完善。

(2) 标准化生产。推广蔬菜优良品种、集约化育苗、防虫网、粘虫板、频振式杀虫灯、性诱剂、避雨栽培、防雾滴棚膜、膜下滴灌、高温闷棚等 10 项病虫害农业、物理和生物防控技术,使农药用量减少 30% 以上;建立产品质量安全、分等分级及生产技术规程标准体系,蔬菜标准园 100% 推行标准化生产;完善投入品管理、生产档案、产品检测、基地准出、质量追溯等 5 项全程质量管理制度,形成产品质量安全管理长效机制。

(3) 商品化处理。发展蔬菜产品清洗、分等分级、包装等采后商品化处理和贮运保鲜。蔬菜标准园的产品 100% 实行商品化处理,有条件的地区建立冷链系统,实行加工、运输、销售全程冷藏保鲜。

(4) 品牌化销售。通过无公害、绿色、有机食品和 GAP 认证及地理标志登记,加大产品品牌建设。通过品牌扩大影响,开拓市场,提高效益,蔬菜标准园的产品做到 100% 品牌销售。

(5) 产业化经营。以农民专业合作组织或龙头企业为载体,把一家一户的农民组织起来,实行"六统一管理"(统一品种、统一购药、统一标准、统一检测、统一标识、统一销售),做到 100% 统防统治,100% 测土配方施肥,100% 产品订单生产。

2) 水果标准园

根据农业部发布的《农业部全国标准果园创建活动工作方案》和《关于印发农业部园艺作物标准园创建规范的通知》(农办农〔2010〕61 号)统一部署,全国启动开展园艺作物标准园创建活动,严格按照"集成技术、集约项目、集中力量,在优势产区建设了一批规模化种植、标准化生产、商品化处理、品牌化销售、产业化经营的生产基地,示范带动产品质量提升和效益提高"的总体要求,在全国主要水果生产省(市、区)和新疆建设兵团创建 300 个标准果园,其中苹果、柑橘各 85 个,梨 40 个,葡萄、桃各 25 个,香蕉、荔枝各 20 个。标准果园的创建坚持不与粮争地、优势发展、规模优先、自愿申报的原则,100% 推行无公害水果生产规范,100% 实行专业化统防统治,100% 达到无公害果品标准,100% 实行洗果、打蜡、包装等商品化处理,100% 做到有品牌销售和产品订单化。通过标准果园的创建,使商品果率和优质果率分别达到 95% 以上和 80% 以上。2012 年,农业部办公厅根据《关于做好 2011 年"菜篮子"产品生产项目验收考核有关工作的通知》(农办财〔2011〕181 号)的精神要求,制定了"菜篮子"产品生产项目(园艺作物标准园创建项目)验收工作规范。

3) 畜禽标准化规模养殖场(小区)

畜禽标准化规模养殖场(小区)指以规模养殖为基础,以标准化生产为核心,在场址布局、畜禽舍建设、生产设施配备、良种选择、投入品使用、卫生防疫、粪污处理等方面严格执行法律法规和相关标准,具有示范带动作用,经省级畜牧兽医主管部门验收通过并由农业部正式公布的养殖场。农业部根据《农业部关于加快推进畜禽标准化规模养殖的意见》(农牧发〔2010〕6 号)的要求,为做好畜禽养殖标准化示范创建工作,加强农业部畜禽标准化示范场(以下简称示范场)管理,提升畜牧业标准化规模生产水平,制定了《农业部畜禽标准化示范场管理办法(试行)》,该办法自 2011 年 3 月 10 日起施行。

4) 水产健康养殖示范场

2013 年,农业部发布《农业部关于开展农业农村部渔业健康养殖示范县创建活动的通知》(农渔发〔2013〕32 号),开始了水产品健康养殖场的标准化建设。2018 年,农业农村部就全国水产健康养殖示范创建活动的相关事项作出部署,指出全国水产健康养殖示范创建活动要重点做好三方面工作。第一,实施依法兴渔,着力强化养殖生产规范管理。实施养殖水域滩涂规划制度,加强养殖证发放登记,依法规范养殖生产秩序,保护养殖渔民水域滩涂养殖权。按照有关法律法规要求,健全养殖生产单位内部生产管理体系,重点做好养殖设施设备管理、生产记录、用药记录、病害防控、养殖废水处理等关键环节的自控和自检,鼓励实施标准化管理。第二,实施绿色兴渔,全力促进养殖生态环境保护修复。构建绿色养殖生态系统,加快网箱粪污残饵收集等环保设施设备升级改造,推进养殖网箱网围布局景观化;采取进排水改造、生物净化等措施,推进养殖尾水循环利用或达标排放。示范县示范场全面普及环保设施设备,推广以渔净水,打造一批水产养殖绿色发展典范。第三,实施质量兴渔,不断提高养殖产品质量和效益。推广免疫、生态防控方法,从源头上防控水生动物疫病,倡导水产养殖少用药、不用药理念。推进集约化、智能化、生态化发展,强化品牌效应,全面提高生态、绿色、优质、安全水产品供给能力,不断提升水产养殖质量和效益。

3.5 生态环境保护与绿色生产

目前,我国农业资源环境遭受的外源性污染和内源性污染,已日益成为农业可持续发展的瓶颈约束。一方面,由于工矿业和城乡生活污染向农业转移排放,导致农产品产地环境质量下降和污染问题凸显;另一方面,在农业生产内部,由于化肥、农药等农业投入品的长期不合理过量使用,畜禽粪污、农作物秸秆和农田残膜等农业废弃物的不合理处置等形成的农业面源污染问题日益严重。这些都加剧了土壤和水体污染以及农产品质量安全风险。习近平总书记指出,绿水青山就是金山银山。农业发展不仅要杜绝生态环境欠新账,而且要逐步还旧账,要打好农业面源污染治理攻坚战。

3.5.1 控制农业用水总量

我国水资源短缺,旱涝灾害频繁发生,水土资源分布和组合很不平衡,并且各地作物和生产条件差异很大,特别是华北平原农区缺水严重,农作物产量高,自然降水少,地表可重复利用水源缺乏,农业生产用水主要依靠抽取深层地下水来补充,开采的地下水量占供水总量的70%,导致地下水超采现象严重。我国人均水资源的占有量不及世界人均水平的1/4,是全球人均水资源最贫乏的国家之一,每年因干旱而损失粮食0.7亿~0.8亿吨,相当于年总产量的1/6。在我国,农业用水是用水大户,占全国用水量的70%,在水资源极度缺乏的情况下,农业用水的效率又相当低,浪费严重。据统计,我国农业灌溉水的有效利用率仅为40%左右,是发达国家的一半左右,1立方米灌溉水只能生产1公斤粮食,低于发达国家1:1.2至1:1.4的水平。农业部提出要把农田灌溉水的有效利用系数提高到 0.55。因此,控制农业用水总量迫在眉睫,如果能把农业灌溉用水的利用率从目前的约 50% 提高到70%,则每年仅灌溉用水就可节水约 900 亿立方米,是我国每年灌区缺水量的 3 倍。目前,发展节水农业以缓解水资源危机的战略选择已成为世界各国的共识。中国不仅是发展中国家,更是水资源极为短缺的国家,水资源危机已经成为制约经济社会可持续发展的瓶颈因素。如何控制农业用水总量已成为中国农业科技界的重大课题。

(1) 推进品种节水。加快选育推广一批抗旱品种,提高水分生产率和抗旱保产能力。

(2) 推进结构节水。立足水资源调减,调整优化品种结构,重点是调减耗水量大的作物,扩种耗水量小的作物,大力发展雨养农业。

(3) 推进农艺节水。因地制宜推广水肥一体化技术,实现水肥同步管理和高效利用。集成推广深耕深松、保护性耕作、秸秆还田、增施有机肥等技术,提高土壤蓄水保墒能力。实施新一轮退耕还林还草工程,扩大重金属污染耕地修复、地下水超采区综合治理、退耕还湿试点范围,推进重要水源地生态清洁小流域等水土保持重点工程建设。

(4) 推进工程节水。完善农田灌排基础设施,大力发展管道输水,加快大中型灌区续建配套与节水改造、大中型灌排泵站更新改造,推进新建灌区和小型农田水利工程建设,扩大农田有效灌溉面积。大力发展节水灌溉,全面实施区域规模化高效节水灌溉行动。分区开展节水农业示范,改善田间节水设施设备,积极推广抗旱节水品种和喷灌滴灌、水肥一体化、深耕深松、循环水养殖等技术,减少渗漏蒸发损失,提高输水效率。

(5) 推进制度节水。落实最严格的水资源管理制度,逐步建立农业灌溉用水量控制和定额管理制度。积极推进农业水价综合改革,合理确定不同区域、不同作物灌溉定额和用水价格,增强农民节水意识。

3.5.2　减少化肥农药使用量

1) 化肥减量施用

化肥是重要的农业生产资料,是粮食的“粮食”。化肥在促进粮食和农业生产发展中起了不可替代的作用,但目前也存在化肥过量施用、盲目施用等问题,带来了成本的增加和环境的污染,亟须改进施肥方式,提高肥料利用率,减少不合理投入,保障粮食等主要农产品的有效供给,促进农业可持续发展。因此,若要实现化肥使用零增长行动目标,具体需要以下措施。

(1)测土配方施肥。在总结经验的基础上,创新实施方式,加快成果应用,在更大规模和更高层次上推进测土配方施肥。一是拓展实施范围。在继续做好粮食作物测土配方施肥的同时,扩大在设施农业及蔬菜、果树、茶叶等经济园艺作物上的应用,基本实现主要农作物测土配方施肥全覆盖。二是强化农企对接。充分调动企业参与测土配方施肥的积极性,筛选一批信誉好、实力强的企业深入开展合作,按照"按方抓药""中成药""中草药代煎""私人医生"等四种模式推进配方肥进村入户到田。三是创新服务机制。积极探索公益性服务与经营性服务结合、政府购买服务的有效模式,支持专业化、社会化服务组织发展,向农民提供统测、统配、统供、统施"四统一"服务。创新肥料配方制定发布机制,完善测土配方施肥专家咨询系统,利用现代信息技术助力测土配方施肥技术的推广。

(2)推进施肥方式转变。一是推进机械施肥。按照农艺农机融合、基肥追肥统筹的原则,加快施肥机械研发,因地制宜推进化肥机械深施、机械追肥、种肥同播等技术,减少养分挥发和流失。二是推广水肥一体化。结合高效节水灌溉,示范推广滴灌施肥、喷灌施肥等技术,促进水肥一体下地,提高肥料和水资源利用效率。三是推广适期施肥技术。合理确定基肥施用比例,推广因地、因苗、因水、因时分期施肥技术。因地制宜推广小麦、水稻叶面喷施和果树根外施肥技术。

(3)推进新肥料新技术应用。一是加强技术研发。组建产学研推相结合的研发平台,重点开展农作物高产高效施肥技术研究,推动速效与缓效、大量与中微量元素、有机与无机、养分形态与功能融合的新产品及装备研发。二是加快新产品推广。示范推广缓释肥料、水溶性肥料、液体肥料、叶面肥、生物肥料、土壤调理剂等高效新型肥料,不断提高肥料利用率,推动肥料产业转型升级。三是集成推广高效施肥技术模式。结合高产创建和绿色增产模式攻关,按照土壤养分状况和作物需肥规律,分区域、分作物制定科学施肥指导手册,集成推广一批高产、高效、生态施肥技术模式。

(4)推进有机肥资源利用。一是推进有机肥资源化利用。支持规模化养殖企业利用畜禽粪便生产有机肥,推广规模化养殖＋沼气＋社会化出渣运肥模式,支持农民积造农家肥、施用商品有机肥。二是推进秸秆养分还田。推广秸秆粉碎还田、快速腐熟还田、过腹还田等技术,研发具有秸秆粉碎、腐熟剂施用、土壤翻耕、土地平整等功能的复式作业机具,使秸秆取之于田、用之于田。三是因地制宜种植绿肥。充分利用南方冬闲田和果茶园土肥水光热资源,推广种植绿肥。在有条件的地区引导农民施用根瘤菌剂,促进花生、大豆和苜蓿等豆科作物固氮肥田。

(5) 提高耕地质量水平。加快高标准农田建设,完善水利配套设施,改善耕地基础条件。实施耕地质量保护与提升行动,改良土壤、培肥地力、控污修复、治理盐碱、改造中低产田,普遍提高耕地地力等级。通过加强耕地质量建设提高耕地基础生产能力,确保在减少化肥投入的同时,保持粮食和农业生产稳定发展。

2) 农药减量施用

农药是重要的农业生产资料,对防病治虫、促进粮食和农业稳产高产至关重要。多年来,因农作物播种面积逐年扩大、病虫害防治难度不断加大,农药使用量总体呈上升趋势。据统计,现在农药使用量约每年 32 万吨,农药利用率与发达国家有较大差距,目标是要控制在每年 30 万吨。农药的过量使用,加之施药方法不够科学,不仅会造成生产成本增加,也会影响农产品质量安全和生态环境安全,因此实现农药减量控害十分必要。应围绕建立资源节约型、环境友好型病虫害可持续治理技术体系,实现农药使用量零增长,重点要做到"一构建,三推进"。

(1) 构建病虫监测预警体系。按照先进、实用的原则,重点建设一批自动化、智能化田间监测网点,健全病虫监测体系。配备自动虫情测报灯、自动计数性诱捕器、病害智能监测仪等现代监测工具,提升装备水平。完善测报技术标准、数学模型和会商机制,实现数字化监测、网络化传输、模型化预测、可视化预报,提高监测预警的时效性和准确性。

(2) 推进科学用药。重点是"药、械、人"三要素协调提升。一是推广高效低毒低残留农药。完善农药风险评估技术标准体系,扩大低毒生物农药补贴项目实施范围,加快高效低毒低残留农药品种的筛选、登记和推广应用,推进小宗作物用药试验、登记,逐步淘汰高毒农药。科学采用种子、土壤、秧苗处理等预防措施,减少中后期农药施用次数。对症选药,合理添加喷雾助剂,促进农药减量增效,提高防治效果。二是推广新型高效植保机械。因地制宜推广自走式喷杆喷雾机、高效常温烟雾机、固定翼飞机、直升机、植保无人机等现代植保机械,采用低容量喷雾、静电喷雾等先进施药技术,提高喷雾对靶性,降低飘移损失,提高农药利用率。三是普及科学用药知识。以新型农业经营主体及病虫防治专业化服务组织为重点,培养一批科学用药技术骨干,辐射带动农民正确选购农药、科学使用农药。

(3)推进绿色防控。一是集成推广一批技术模式。因地制宜集成推广适合不同作物的病虫害绿色防控技术模式,解决技术不配套、不规范的问题,加快绿色防控技术推广应用。二是建设一批绿色防控示范区。重点选择大中城市蔬菜基地、南菜北运蔬菜基地、北方设施蔬菜基地、园艺作物标准园、"三品一标"农产品生产基地,建设一批绿色防控示范区,帮助农业企业、农民合作社提升农产品质量、创响品牌,实现优质优价,带动大面积推广应用。三是培养一批技术骨干。以农业企业、农民合作社、基层植保机构为重点,培养一批技术骨干,带动农民科学应用绿色防控技术。此外,大力开展清洁化生产,推进农药包装废弃物回收利用,减轻农药面源污染、净化乡村环境。

(4)推进统防统治。一是提升装备水平。发挥农作物重大病虫害统防统治补助、农机购置补贴及植保工程建设投资的引导作用,装备现代植保机械,扶持发展一批装备精良、服务高效、规模适度的病虫防治专业化服务组织。二是提升技术水平。推进专业化统防统治与绿色防控融合,集成示范综合配套的技术服务模式,逐步实现农作物病虫害全程绿色防控的规模化实施、规范化作业。三是提升服务水平。加强对防治组织的指导服务,及时提供病虫测报信息与防治技术。引导防治组织加强内部管理,规范服务行为。

3.5.3 废弃物资源化利用

1)畜禽粪便资源化利用

随着养殖业的迅猛发展,在解决了人类肉、蛋、奶需求的同时,也带来了严重的环境污染问题。大量畜禽粪便污染物被随意排放到自然环境中,严重污染了水体、土壤以及大气等环境,给我国生态环境带来了巨大的压力。因此,对畜禽粪便进行减量化、无害化和资源化处理,防止和消除畜禽粪便污染,对于保护城乡生态环境、推动现代农业产业和发展循环经济具有十分积极的意义。

为实现畜禽粪便资源化利用,要科学编制种养循环发展规划,实行以地定畜,促进种养业在布局上相协调,精准规划引导畜牧业发展。推动建立畜禽粪污等农业有机废弃物收集、转化、利用网络体系,鼓励在养殖密集区域建立粪污集中处理中心,探索规模化、专业化、社会化运营机制。通过支持在田间地头配套建设管网和储粪(液)池等方式,解决粪肥还田"最后一公里"问题。鼓励沼液和经无害化处理的畜禽养殖废水作为肥料科学还田利用。加强粪肥还田技术指导,确保科学合理施用。支持采取政府和社会资本合作(public-private partnership,PPP)模式,调动社会资本积极性,形成畜禽粪污处理全产业链。培育壮大多种类型的粪污处理社会化服务组织,实行专业化生产、市场化运营。鼓励建立受益者付费机制,保障第三方处理企业和社会化服务组织合理收益。

2)农膜资源化利用

随着农膜用量和使用年限的不断增加,局部地区的"白色污染"成为农业绿色发展面临的突出问题,推进农膜资源化利用十分紧迫和重要。

农膜资源化利用有利于保护生态环境。2015年,我国农膜用总量达260多万吨,其中地膜用量为145万吨,全国农膜回收利用率不足2/3。残膜弃于田间地头,被风吹至房前屋后、田野树梢,影响村容村貌。推进农膜回收,生产再生塑料制品,变废为宝,有利于资源节约、改善农村人居环境。

3)秸秆资源化利用

农作物秸秆是作物生长过程中通过光合作用形成的重要生物资源。随着科学技术的进步和农民生活水平的提高,农作物秸秆不再仅仅用作肥料、饲料、燃料,其利用领域得到极大的拓展。我国政府高度重视农作物秸秆利用问题并采取了一系列技术、经济、政策等措施,推动农作物秸秆的资源化利用。早在2008年,国务院办公厅就印发了《关于加快推进农作物秸秆综合利用的意见》(国办发〔2008〕105号);2011年,国家发展改革委、农业部、财政部联合出台了《关于印发"十二五"农作物秸秆综合利用实施方案的通知》

（发改环资〔2011〕2615号）；2015年，国家发展改革委、财政部、农业部、环境保护部四部委又联合出台了《关于进一步加快推进农作物秸秆综合利用和禁烧工作的通知》（发改环资〔2015〕2651号），对农作物秸秆综合利用和禁烧等工作进行了具体部署。

农村改革40年来，我国农业迅猛发展，随之而来的是农作物秸秆产量的快速增加，在此过程中，由于农村经济的发展和农民收入水平的提高，广大农村居民在生产、生活中对农作物秸秆的燃料化、饲料化、肥料化利用程度逐步下降，进而导致了区域农作物秸秆过剩现象日益普遍。特别是在每年夏收、秋收季节，一些地方秸秆焚烧造成的严重污染问题已引起了全社会的广泛关注。

第4章 现代农业经营体系

现代农业经营体系是现代农业经营主体、组织方式、服务模式的有机组合，重点是解决"谁来种地"和经营效益问题，是现代农业组织化程度的显著标志。构建现代农业经营体系就是要加大体制机制创新力度，培育规模化经营主体和服务主体，加快构建职业农民队伍，形成一支高素质农业生产经营者队伍，促进不同主体之间的联合与合作，发展多种形式的适度规模经营，提高农业经营集约化、组织化、规模化、社会化、产业化水平。

4.1 现代农业经营体系的内涵与构成

4.1.1 现代农业经营体系的内涵

现代农业经营体系由新型农业经营主体与现代农业社会化服务体系构成。新型农业经营主体与现代农业社会化服务体系相互影响、相互促进，共同成为推动我国现代化农业经营体系发展的关键。新型农业经营主体包括专业大户、家庭农场、家庭牧场、农民合作社、龙头企业等。农业社会化服务体系是为满足农业生产需要而提供各种专业服务的社会组织和经营主体，它属于第三产业范畴。农业社会化服务及其体系可定义为：随着农业生产力和商品经济的发展及其规模的不断扩大，直接从事农业生产的劳动者却越来越少，于是有越来越多的人专门从事为农业生产的劳动者提供所必需的生产资料（产前），满足生产过程中各种需求（产中），以及农产品收购、储存、加工和销售（产后）的服务，并且利用合同或协议的形式把各种社会化服务的企业或个人彼此连接成为一个体系。

现代农业经营体系发展的关键在于创新农业经营模式。"十三五"规划纲要提出,以发展多种形式适度规模经营为引领,创新农业经营组织方式,构建以农户家庭经营为基础、合作与联合为纽带、社会化服务为支撑的现代农业经营体系,提高农业综合效益。2016 年中央"一号文件"《关于深入推进农业供给侧结构性改革加快培育农业农村发展新动能的若干意见》明确提出,要优化经营体系,提高土地产出率、资源利用率、劳动生产率,促进农业农村发展由过度依赖资源消耗、主要满足量的需求,向追求绿色生态可持续、更加注重满足质的需求转变。党的十九大报告中明确指出要实施乡村中振兴战略,进一步要求发展多种形式适度规模经营,培育新型农业经营主体,健全农业社会化服务体系,实现小农户和现代农业发展的有机衔接。

新型农业经营体系是应对当前农业经营方式面临新挑战的有效举措。当前我国农村正在发生深刻变化,农业经营方式面临诸多新挑战,经营规模小、方式粗放、劳动力老龄化、组织化程度低、服务体系不健全是突出表现。根据第二次农业普查,全国从事农作物种植业的农户平均土地经营规模不足 10 亩,90%左右的农户养肉牛数量在 2 头以下、养猪数量在 10 头以下;全国农业从业人员中,51~60 岁占 21.3%,60 岁以上占 11.2%,女性占53.2%。农业后继乏人问题日益凸显,农业兼业化、农民老龄化、农村空心化现象日益严重,今后谁来种地的问题十分突出。构建集约化、专业化、组织化、社会化相结合的新型农业经营体系,大力培育专业大户、家庭农场、专业合作社等新型农业经营主体,发展多种形式的农业规模经营和社会化服务,有利于有效化解这些新问题和新挑战,保障我国农业健康发展。

4.1.2 现代农业经营体系的构成要素

现代农业经营体系主要包括经营主体、组织方式和服务体系三大构成要素。

(1)经营主体。现代农业经营主体是指具有相对较大的经营规模、较好的物质装备条件和经营管理能力,劳动生产、资源利用和土地产出率较高,以商品化生产为主要目标的农业经营组织。现代农业经营主体既包括农业产中环节的生产经营组织,也包括为产中环节提供各种服务的经营组织。根据农业经营主体的类型,现代农业经营主体可以分为家庭农场、专业大户、农民专业合作社、农业龙头企业、新型农业社会化服务组织以及农业产业化联合体等。新时期以来,大量农村劳动力进城打工经商,农村土地流转趋势增强,农业生产经营结构发生深刻变化,为种养大户、家庭农场、农民合作社、龙头企业等各类农业生产经营主体的发育和成长提供了有利的环境,而这些农业经营组织既是推动农业经营体制机制创新的主要力量,也是现代农业经营主体的主要来源。

（2）组织方式。现代农业经营体系的组织方式围绕带动多元主体发展,积极引导土地向规模化生产的新型农业经营主体流转,实现土地集约化经营,发挥合作社、家庭农场、专业大户等主体的带动效应,促进农业增效、农民增收和提高农业增加值,特别注重保护农户利益,形成了"新型农业经营主体＋农民"的组织方式,通过完善订单带动、利润返还、股份合作等新型农业经营主体与农户的利益联结机制,让农民成为现代农业发展的参与者、受益者,防止被挤出、受损害。

（3）服务体系。现代农业服务体系是以公共服务机构为依托、合作经济组织为基础、龙头企业为骨干、其他社会力量为补充、公益性服务与经营性服务相结合、专项服务和综合服务相协调的新型农业社会化服务体系,具体包括公共服务能力,农业公益性服务能力特别是农业技术推广、动植物检疫、农产品质量监管,农民专业合作服务组织的凝聚力、吸引力和服务能力,农业产业化龙头企业与农民的利益联结机制和带动能力,市场体系中经营性服务组织与规范服务等。

4.2　我国农村基本经营制度及其完善

农业经营主体及其相互关联构成农业经营体系,而谁能够成为农业经营主体,谁是主要的农业经营主体,是由经营制度决定的,我国的农村基本经营制度决定了我国的农业经营体系。农村基本经营制度是关于农业经营所需要的基本资源,即农村土地的产权,农业经营主体是谁,以及农业经营主体与土地资源之间的关系等基本问题的一系列制度和规范。

《中华人民共和国宪法》第十条规定:"农村和城市郊区的土地,除由法律规定属于国家所有的以外,属于集体所有;宅基地和自留地、自留山,也属于集体所有"。第八条规定:"农村集体经济组织实行家庭承包经营为基础、统分结合的双层经营体制"。从这里可以看出,我国农村基本经营制度主要包括三个方面:第一,农村土地归农村集体经济组织所有,即农村土地集体所有制;第二,农村土地主要承包给农村集体经济组织的成员——农村家庭用于经营,集体提供相应服务,家庭经营自负盈亏,即家庭联产承包责任制;第三,基于上述原因,家庭经营是我国农业经营的主体。我们一般把我国农村基本经营制度归结为家庭联产承包责任制,实际上,从概念上讲,家庭联产承包责任制只讲了经营制度中经营主体和土地(基本经营资源)之间的关系,而没有讲土地的权属和主要的经营主体这两个经营制度的基本要素。由于农村土地集体所有制是家庭承包经营的前提,而家庭成为主要的经营主体又是家庭联产承包责任制的必然结果,所以把家庭联产承包责任制作为我国农村基本经营制度的一个概括也是可以接受的,只不过在使用这个概念时,不能忽略其所包含的农村土地集体所有制和家庭经营为主这两个基本要素。

我国农村基本经营制度是党的农村政策的基石,坚持党的农村政策,首要的就是坚持农村基本经营制度。党的十八大报告明确指出要坚持和完善农村基本经营制度,依法维护农民土地承包经营权、宅基地使用权、集体收益分配权,壮大集体经济实力。2019 年 10 月 31 日,党的十九届四中全会通过的《关于坚持和完善中国特色社会主义制度推进国家治理体系和治理能力现代化若干重大问题的决定》在"坚持和完善社会主义基本经济制度,推动经济高质量发展"中,强调"深化农村集体产权制度改革,发展农村集体经济,完善农村基本经营制度"。以家庭承包经营为基础、统分结合的双层经营体制是我国农村改革取得的重大历史性成果,是广大农民在党的领导下的伟大创造,适合我国国情,适应社会主义市场经济体制,符合农业生产特点,能极大调动农民积极性和解放发展农村生产力,为改革开放以来我国农业农村历史性变化提供了坚实制度基础,是中国特色社会主义制度的重要组成部分。

4.2.1 农地所有制度:集体所有制的建立与坚持

1) 新中国成立初期的土地农民所有制

1950 年 6 月 28 日,中央人民政府委员会第八次会议通过《土地改革法》,6 月 30 日毛泽东主席签署命令,公布施行。明确指出废除地主阶级封建剥削的土地所有制,实行农民土地所有制,以此解放农村生产力,发展农业生产,为新中国的工业化开辟道路。在党的领导下,到 1953 年,除部分少数民族地区外,我国大陆普遍实行了土地改革。土地改革彻底摧毁了封建剥削制度,封建土地所有制被彻底废除,全国 3 亿多农民无偿分得了约 7 亿亩土地和大批生产资料,免除了土地改革前农民每年给地主缴纳的高达 3000 万吨以上粮食的负担。翻身了的农民热烈拥护《土地改革法》。

从新中国成立到 1953 年,全国土地改革基本完成,开始了全国性的互助合作社运动。合作社是劳动者在自愿互助的基础上联合起来共同经营的经济组织。先是成立了农民自愿组织互助组,这实际上是一种劳动协作关系,并没有改变原有的土地私人所有权和家庭经营模式。随后,开始创办初级农业合作社,这实际上是一种类似合伙的联合经营关系,土地所有权仍归农民所有,此时的合作社还不是农村土地所有权的主体。1954 年 9 月,第一届全国人民代表大会通过新中国第一部宪法,以宪法的形式确定了这一土地制度。1954 年《宪法》第八条第一款规定:"国家依照法律保护农民的土地所有权和其他生产资料所有权。"明确农民私有的土地所有权。

2) 农村土地集体所有制的确立

1955 年 10 月 11 日通过的《关于农业合作化问题的决议》明确指出,我国的农业生产合作社在现阶段一般是以土地入股统一经营为特点的半社会主义性质的初级合作社,这种合作社是到完全社会主义化的过渡形式,它还在基本上或在较大的程度上保留社员的土地及其他一些重要的生产资料的私有权,而不是急于实现社员的生产资料公有化。土地入股被认为具有半社会主义性质。1956 年 6 月 30 日,第一届全国人民代表大会第三次会议通过、毛泽东以国家主席的名义公布了《高级农业生产合作社示范章程》(以下简称《示范章程》),《示范章程》第二条规定:"农业生产合作社按照社会主义的原则,把社员私有的主要生产资料转为合作社集体所有……"第十三条规定:"入社的农民必须把私有的土地和耕畜、大型农具等主要生产资料转为合作社集体所有。"即高级农业社实行主要生产资料完全集体所有制,社员的土地必须转为合作社集体所有,取消土地报酬,耕畜和大型农具作价入社。只用了一年就基本完成了农业合作化,实现了土地的集体所有,在广大农村建立起劳动群众的社会主义集体所有制经济。

1979年9月，党的十一届四中全会通过的《中共中央关于加快农业发展若干问题的决定》要求："人民公社要继续稳定地实行三级所有、队为基础的制度，集中力量发展农村生产力。"这样，经过农业生产互助组、初级农业合作社、高级农业合作社和人民公社几个阶段，农民个人的土地私有逐步转变为集体所有，统一经营，按劳分配。农民的土地所有制被宣布废除，取而代之的是土地的集体所有制。

3）坚持农村土地集体所有制

《宪法》第六条明确规定"中华人民共和国的社会主义经济制度的基础是生产资料的社会主义公有制，即全民所有制和劳动群众集体所有制"，确立了集体所有制在国家经济制度中的基础地位。农民集体所有制的核心是农村土地的集体所有制。《宪法》和《土地管理法》明确规定"农村和城市郊区的土地，除由法律规定属于国家所有的以外，属于集体所有"。习近平总书记在2013年中央农村工作会议上明确"坚持农村土地农民集体所有"，并强调"坚持农村土地农民集体所有是坚持农村基本经营制度的'魂'"，指明了集体所有制的制度底线。我们应坚持农村集体所有制不动摇，不能把集体资产分光吃净、一分了之。农民通过改革获得的集体资产股权或份额，是参与集体收益分配的依据，而不是分割集体资产的凭证，不能以改革之名把集体经济改少了、改没了、改弱了。

4.2.2 农地使用制度：土地承包制度的建立与发展

土地所有制确定的是土地归谁所有的问题，包括土地占有、使用、收益、处置等四项权利，土地所有者可以行使全部四项权利，也可以决定由其他主体行使其中部分权利。我国在改革开放之前，农村高级合作社和人民公社化实行的是统一劳动、统一分配，也就是土地四项权利全部由集体行使，这脱离了中国农村生产力发展的实际水平，加上高度集中的劳动方式和分配中的平均主义，影响了农民生产的积极性，农村经济的发展受到约束。改革开放以来，农村土地不再完全由集体直接统一使用，这就有了土地使用制度的安排。

1）家庭联产承包责任制的建立

我国家庭联产承包责任制开始的标志性事件是安徽省凤阳县小岗村18

位农民签下包干保证书。1978 年 11 月 24 日晚上,安徽省凤阳县凤梨公社小岗村西头严立华家低矮残破的茅屋里挤满了 18 位农民,关系全村命运的一次秘密会议此刻正在这里召开。这次会议的直接成果是诞生了一份不到百字的包干保证书。其中最主要的内容有三条:一是分田到户;二是不再伸手向国家要钱要粮;三是如果干部坐牢,社员保证把他们的小孩养活到 18 岁。在会上,队长严俊昌特别强调:"我们分田到户,瞒上不瞒下,不准向任何人透露。"在 1978 年,这个举动是冒天下之大不韪,也是一个勇敢的甚至是伟大的壮举。1979 年 10 月,小岗村打谷场上一片金黄,经计量,当年粮食总产量 66 吨,相当于全队 1966 年到 1970 年 5 年粮食产量的总和。

此次事件开启了我国改革开放的先河,但是在当时批评反对"包产到户"的声音从未停歇。1980 年之后,邓小平同志的讲话指出"包产到组、包产到户不会影响我们的制度的社会主义性质。"同年,中央召开省市第一书记座谈会,形成了《关于进一步加强和完善农业生产责任制的几个问题》,对包产到户的性质做出了解释,指出包产到户"是依存于社会主义经济,而不会脱离社会主义轨道的,没有什么复辟资本主义的危险。"截至 1980 年 10 月,全国实行各种联产承包的基本核算单位已占总数的 83.3%,其中实行包产到户和包干到户的占 50.85%,到 1981 年底,全国农村有 90% 以上的生产队建立了不同形式的农业生产责任制。1982 年,第一个中央"一号文件"出台,正式确认"目前实行的各种责任制,包括小段包工定额计酬,专业承包联产计酬,联产到劳,包产到户、到组,包干到户、到组,等等,都是社会主义集体经济的生产责任制"以及要求"在建立和完善农业生产责任制的过程中,必须坚持土地的集体所有制,切实注意保护耕地和合理利用耕地",回答了家庭联产承包责任制的性质问题,家庭联产承包责任制才正式确立起来。1986 年 6 月通过的《中华人民共和国土地管理法》进一步明确规定:"集体所有的土地按照法律规定属于村民集体所有,由村农业生产合作社等农业集体经济组织或村民委员会经营、管理。已经属于乡(镇)农民集体经济组织所有的,可以属于乡(镇)农民集体经济组织所有。村农民集体所有的土地已经分别属于村内两个以上农业集体经济组织所有的,可以属于各该农业集体经济组织的农民集体所有"。

2) 土地承包关系实现长期稳定

在我国农村实行联产承包生产责任制之初,承包期一般都比较短。后来认识到,承包期限过短难以调动承包人增加投入、合理开发土地的积极性,甚至可能导致短期行为和对土地的掠夺式经营,这样,国家实行土地承包经营制度就失去了积极意义。因此,在 1984 年,国家有关政策要求土地承包期限应当适当延长,土地承包期一般应在 15 年以上。根据这一精神,全国各地陆续将土地承包期确定为 15 年。但也有一些地方为了解决人地矛盾,频繁调整土地,真正达到 15 年的很少。

1993 年,在一些较早实行家庭承包经营的地方,第一轮土地承包即将到期,为了及时指导,国家提出在原定的耕地承包期到期之后,再延长 30 年不变。第二轮土地承包时间是从 1998 年开始,一直到 2027 年底止,承包期为 30 年;个别地区从 1993 年开始,到 2023 年承包到期。

2002 年 8 月 29 日,第九届全国人民代表大会常务委员会第二十九次会议通过了《中华人民共和国农村土地承包法》,通过立法确立了农村土地的家庭承包制度,赋予农民长期而有保障的土地使用权,维护农村土地承包当事人的合法权益。根据规定,耕地的承包期为 30 年,草地的承包期为 30 年至 50 年,林地的承包期为 30 年至 70 年,特殊林木的林地承包期经国务院林业行政主管部门批准可以延长。

2019 年 11 月 26 日,中共中央国务院发布《中共中央 国务院关于保持土地承包关系稳定并长久不变的意见》,明确保持土地集体所有、家庭承包经营的基本制度长久不变、保持农户依法承包集体土地的基本权利长久不变,同时在第二轮土地承包到期后再延长三十年。第三轮土地承包时间是从 2028 年开始,一直到 2057 年底止,承包期为 30 年;个别地区从 2023 年开始,到 2053 年承包到期。

3) 土地承包权的专属化和物权化

土地承包权从最初只是用于界定土地所有权和使用权的分离,到后来成为集体经济组织内部成员的专属权利,成为土地所有权的一个派生权利,这是农村集体经济组织的一个重要体现。

1986 年初次制定的《土地管理法》第十二条规定:"集体所有的土地,全民所有制单位、集体所有制单位使用的国有土地,可以由集体或个人承包经营,从事农、林、牧、渔业生产。"这里只是强调集体或个人可以承包经营集体所有的土地,承包主体并不限于集体经济组织内部。

1998 年《土地管理法》修改时,提出了本集体组织成员承包的概念,第十四条规定:"农民集体所有的土地由本集体经济组织的成员承包经营,从事种植业、林业、畜牧业、渔业生产"。同时不反对组织外的主体承包,但附加了专门的条件,第十五条规定:"农民集体所有的土地,可以由本集体经济组织以外的单位或者个人承包经营,从事种植业、林业、畜牧业、渔业生产……农民集体所有的土地由本集体经济组织以外的单位或者个人承包经营的,必须经村民会议三分之二以上成员或者三分之二以上村民代表的同意,并报乡(镇)人民政府批准。"

2002 年制定的《中华人民共和国农村土地承包法》明确了农村集体土地内部承包的制度,只有不适合家庭承包的四荒可以对外承包,第三条规定:"国家实行农村土地承包经营制度。农村土地承包采取农村集体经济组织内部的家庭承包方式……"这时的承包权已经不再是早期的使用权概念,而是更加接近所有权的特殊权利,这个权利是每个集体组织成员的权利,任何组织和人都不得非法剥夺和限制的权利,这个权利与是否使用没有直接关系。第五条规定:"农村集体经济组织成员有权依法承包由本集体经济组织发包的农村土地。任何组织和个人不得剥夺和非法限制农村集体经济组织成员承包土地的权利。"第三十二条规定:通过家庭承包取得的土地承包经营权可以依法采取转包、出租、互换、转让或者其他方式流转。从上述规定可以看出,这时候承包权已经非常接近家庭对集体土地按份占有的概念了,只不过这种占有是有时间限制的。

2007 年 3 月 16 日,第十届全国人民代表大会第五次会议通过的《中华人民共和国物权法》用了整章十一条(《中华人民共和国物权法》第十一章,124 至 134 条)对土地承包经营权进行了明确详细的规定,实现了承包经营权的物权化。土地承包经营权确定为物权,从法律上明确了土地承包者享有土地的占有权、使用权、收益权和对承包权的处分权,明确了农民作为土地直接利益主体的法律地位。承包人可以依法对土地进行经营、入股或抵押,必将更大程度地发挥土地的使用价值,促进农民增收。要使农地承包经营权的物权性质落到实处,对每宗地的土地权属要经过土地登记申请、地籍调查、核属审核、登记注册、颁发土地证书等土地登记程序,才能得到最后的确认和确定。2008 年 10 月,中国共产党十七届三中全会发布《中共中央关于推进农村改革发展若干重大问题的决定》,明确提出"健全严格规范的农村土地管理制度",要求"搞好农村土地确权、登记、颁证工作"。2011 年 5 月,国土资源部、财政部和农业部下发了《关于加快推进农村集体土地确权登记发证工作的通知》,要求完成农村集体土地所有权证的确权登记发证工作。2013 年中央"一号文件"《中共中央 国务院关于加快发展现代农业进一步增强农村发展活力的若干意见》提出全面开展农村土地确权登记颁证工作。到 2018 年年底,我国基本完成集体的农地确权登记颁证工作,全面实现了农民承包经营权的物权化,赋予了农民更有保障的土地承包权益,为实行"长久不变"奠定坚实基础。

4) 农地经营权流转的发展与农地"三权分置"

土地承包权的专属化和物权化一方面强化了集体经济组织成员对集体所有土地的特殊权利,从而保护集体经济组织成员的根本利益;另一方面将土地经营权(实际上也就是使用权)从承包权中剥离出来,为农地的更高效使用奠定了制度框架。

改革开放之初,农民承包的土地是不允许流转的,1982 年中央"一号文件"规定,社员承包的土地不准买卖、出租、转让、荒废,否则集体有权收回;社员无力经营或转营他业时应退还集体。1982 年宪法规定:任何组织或者个人不得侵占、买卖、出租或者以其他形式非法转让土地。这一规定稍后就有所松动。1984 年中央"一号文件"规定,自留地、承包地均不准买卖、出租、转作宅基地和其他非农业用地。但同时也规定,社员在承包期内,因无力耕种或转营他业而要求不包或少包土地的,可以将土地交给集体统一安排,也可以经集体同意,由社员自找对象协商转包。1987 年中央 5 号文件《把农村改革引向深入》规定,长期从事别的职业,自己不耕种土地的,除已有规定者外,原则上应把承包地交回集体,或经集体同意后转包他人。

1988 年 4 月 12 日新修改的《宪法》规定,土地的使用权可以依照法律的规定转让。至此,土地流转得到了法律的确认。2001 年 12 月 30 日发布的《中共中央关于做好农户承包地使用权流转工作的通知》是我国第一份专门针对农村土地流转工作的文件,规定了"农户承包地使用权流转必须坚持依法、自愿、有偿的原则"。2005 年出台的《中华人民共和国农村土地承包经营权流转管理办法》就流转当事人(承包方与受让方)、流转方式(转包、出租、互换、转让或其他符合法律法规的方式）、流转合同与流转管理等作出了具体的规定，为农地流转提供了较为完整的实施细则。

2016 年，国务院颁布《关于农村土地所有权承包权经营权分置办法的意见》，将农村土地产权中的土地承包经营权进一步划分为承包权和经营权，实行所有权、承包权、经营权分置并行，这一意见的出台在现阶段具有非常重要的意义，是继家庭联产承包责任制后农村改革又一重大制度创新。完善承包地"三权分置"制度有利于落实农村集体的土地所有权，推动土地资源的规范使用；有利于保障承包农户的土地承包权，促进土地资源的优化配置。"三权分置"政策的颁布稳定了农民的土地承包权，能够提高农民进行土地流转的积极性，从而为农业的适度规模化经营打下了良好的基础，对于土地利用率、农业劳动生产率的提高具有重要的意义。

4.2.3　经营决策制度：家庭经营的基础性地位

在土地制度改革方面，既要看到规模经营是现代农业发展的重要基础，分散的、粗放的农业经营方式难以建成现代农业，又要看到改变分散的、粗放的农业经营方式是一个较长的历史过程，需要时间和条件。土地流转和多种形式规模经营是发展现代农业的必由之路，也是农村改革的基本方向。要进行土地制度改革、维护长久稳定的土地承包关系，就要坚持农村土地集体所有，坚持家庭经营基础性地位。

1）短期内农民无法全部转移

据调研，2017 年中国农村人口接近 5.8 亿，占比 41.48%，年末农村贫困人口为 3046 万人，贫困发生率为 3.1%，比上年下降 1.4 个百分点。2018 年年底农村常住人口接近 6 个亿。虽然中国农村常住人口相比往年已经呈现逐渐下降的趋势，但是相较于 1949 年建国初期 5.4 亿的总人口和 4.8 亿的农民人口，经过长达六七十年的城镇化、工业化进程，中国农业人口不降反升，想要短时间内实现大规模转移农村人口、实现人口城镇化十分困难。

农民离开土地首先要解决的就是就业问题。在 20 世纪 80 年代中期到 90 年代中期，中国乡镇企业曾经拥有辉煌的十年，然而十年期限一过，大量农民工进入城市工作。2018 年全国农民工总量约为 28836 万人，并且近年来一直保持稳中有升的趋势。民工潮并不能完全解决农民的就业问题。

《2018 年农民工监测调查报告》显示,在进城的农民工中有 62%以上的人没有归属感,并且城市规模越大,农民工的归属感越低。在 500 万人以上的大城市中,有归属感的农民工比例仅为 16.8 %,比上年下降 1.9 个百分点。2019 年春节前夕,有 1400 万农民工因为企业受到金融危机的冲击而返乡,根据跟踪调查,2019 年初农民工失业问题还在不断加剧。

其次,在外出打工的农民中,女性和有配偶的农民工以及 50 岁以上农民工的占比在逐年上升。在全部农民工中,男性占 65.2%,女性占 34.8%,女性占比比上年提高 0.4 个百分点;未婚的占 17.2%,有配偶的占 79.7%,丧偶或离婚的占 3.1%,有配偶的占比比上年提高 1.9 个百分点。农民工平均年龄为 40.2 岁,比上年提高 0.5 岁。从年龄结构看,40 岁及以下农民工所占比重为 52.1%,比上年下降 0.3 个百分点;50 岁以上农民工所占比重为22.4%,比上年提高 1.1 个百分点,近五年呈逐年提高趋势。这说明农民工对基础设施服务的需求也在逐渐上升,例如随迁儿童的教育问题。据调查,50.8%的农民工家长反映子女在城市上学面临一些问题,比上年下降 2.7 个百分点。本地升学(入园)难、费用高依然是进城农民工家长反映最多的两个问题。对于义务教育阶段随迁儿童,其家长反映这两个问题的比例分别是 26.7%和 27.2%;对于 3~5 岁随迁儿童,则分别是 38.7%和 51.4%。

所以,在中国农民转移的问题上面临许多方面的问题和压力,不能一蹴而就。实际上,从农民工的规模和城乡的就业结构来看,仍然有大量的农民留在农村从事农业生产,加快发展农村的新产业、新业态,推进农村一二三产业的融合发展,积极创造农民创业的第三空间,增强农村经济活力,才能更好地解决中国农民就业问题。

2)我国自然条件分布不均衡

在农业部分,主要以中国土地资源作为切入点。中国的国土面积约为960 万平方公里,但是山地多,平原少,山地、高原、丘陵的面积约占土地总面积的 69%,平地约占 31%。我国现有耕地资源约为 9572 万公顷,人均耕地面积约为 1.4 亩,相较于世界平均水平 2.89 亩/人少了近一半,可见中国的人均耕地面积远低于世界平均水平。据林业部门调查,适宜种植的后备土地资源人均约为 0.33 亿公顷,其中可以种植粮棉等农作物的面积约 0.13 亿公顷,净面积也只有 0.067 亿公顷的潜力;另外,在东南部季风区集中了全国约 92% 的耕地与林地,占农业人口与农业总产值的 95% 左右。但是,东南部季风区自然灾害频繁,土地资源的性质和农业生产条件差别也很大。总体上说,中国土地资源山地多、平原少,农业土地资源人均占有量少,后备资源不足,分布不均衡。

3) 农业难以完全依赖工商资本

从本质上讲,工商资本的趋利性与无序性很可能导致将资金投入到非农业生产服务环节,通过农村土地买卖、开发房地产获得更高的利润,严重影响现代农业的发展。陈锡文指出,“工商资本进入农业主要应在三个领域:第一是产前产中产后的服务环节,发展农业社会化服务;第二是闲置的、农村集体和农民没有能力开发的土地,让公司企业去开发;第三是农民干不了的事,发展现代化的种养业,让公司企业来做,农民干得了的事,就得农民自己干。”

4.3　新型农业经营主体及其发展

随着新型工业化、信息化、城镇化进程加快,农村劳动力大量进入城镇就业,农村 2 亿多承包农户就业和经营状态不断发生变化,“未来谁来种地、怎样种好地”的问题日益凸显。培育新型农业经营主体,发展多种形式适度规模经营,是建设现代农业的前进方向和必由之路。近年来,各级政府出台支持政策,加大资金投入,鼓励社会力量积极参与新型农业经营主体和服务主体培育发展,加快构建以农户家庭经营为基础、合作与联合为纽带、社会化服务为支撑的立体式复合型现代农业经营体系。各类新型农业经营主体和服务主体不断创新模式,辐射带动小农户,促进农业规模经营稳步发展,推动新品种新技术新装备加快应用,成为乡村振兴的重要推动力量。截至 2018 年底,全国家庭农场达到近 60 万家,其中县级以上示范家庭农场达 8.3 万家。全国依法登记的农民合作社达到 217.3 万家,是 2012 年底的 3 倍多,其中县级以上示范社达 18 万多家。全国从事农业生产托管的社会化服务组织数量达到 37 万个。各类新型农业经营主体和服务主体快速发展,总量超过 300 万家,成为推动现代农业发展的重要力量。全国家庭农场经营土地面积为 1.62 亿亩,家庭农场的经营范围逐步走向多元化,从粮经结合到种养结合,再到种养加一体化,一二三产业融合发展,经济实力不断增强。农民合作社规范化水平不断提升,依法按交易量(额)分配盈余的农民合作社数量约为 2012 年的 2.5 倍,3.5 万家农民合作社创办加工实体,近 2 万家农民合作社发展农村电子商务,7300 多家农民合作社进军休闲农业和乡村旅游。全国以综合托管系数计算的农业生产托管面积为 3.64 亿亩,实现了集中连片种植和集约化经营,节约了生产成本,增加了经营效益。新型农业经营主体和服务主体能够根据市场需求组织农产品标准化、品牌化生产,加强质量安全管控,注重产销对接,促进了农业种养结构调整优化,推动了农村一二三产业融合发展,带动了农业劳动生产率不断提升。

4.3.1 家庭农场

家庭农场是指以家庭成员为主要劳动力,从事农业规模化、集约化、商品化生产经营,并以农业收入为家庭主要收入来源的新型农业经营主体。以家庭成员为主要劳动力和以农业收入为家庭主要收入来源是家庭农场的两个主要特征和判断标准,这两个特征确保了家庭农场能够成为长期稳定的农业经营主体。2008 年,党的十七届三中全会报告第一次将家庭农场作为农业规模经营主体之一提出。随后,2013 年中央"一号文件"再次提到家庭农场,称鼓励和支持承包土地向专业大户、家庭农场、农民合作社流转。

由于农业生产过程和日常管理的非标准化,从发达国家的实践来看,家庭农场是现代农业经营主体的最主要形态。美国的农业以家庭农场为主,由于许多合伙农场和公司农场也以家庭农场为依托,因此美国的农场几乎都是家庭农场,可以说美国的农业是在农户家庭经营基础上进行的。20 世纪以来,美国家庭农场在数量上上升至 89%,拥有 81% 的耕地面积、83% 的谷物收获量、77% 的农场销售额。法国作为欧盟第一农业生产国、世界第二大农业和食品出口国、世界食品加工产品第一大出口国,其家庭农场的发展功不可没。法国有各类家庭农场 66 万个,平均经营耕地 42 公顷,其中 60%的农场经营谷物,11%的农场经营花卉,8%的农场经营蔬菜,5%的农场经营养殖业和水果,其余为多种经营。75%以上的家庭农场劳力由经营者家庭自行承担,仅 11%的农场需雇佣劳动力进行生产。由于农产品市场竞争日趋激烈,加上用工成本的不断提高,法国的家庭农场出现了以兼并的形式不断扩大规模和发展农工商综合经营的产业化趋势。1946—1950 年,日本政府采取强硬措施购买地主的土地转卖给无地、少地的农户,自耕农在总农户中的比例占到了 88%,耕地占到了 90%,并且把农户土地规模限制在 3 公顷以内。日本于 1952 年制定了《土地法》,把以上规定用法律形式固定下来,从此形成了以小规模家庭经营为特征的农业经营方式。20 世纪 70 年代开始,日本政府连续出台了几个有关农地改革与调整的法律法规,鼓励农田以租赁和作业委托等形式协作生产,以避开土地集中的困难和分散的土地占有给农业发展带来的障碍因素。以土地租佃为中心,促进土地经营权流动,促进农地的集中连片经营和共同基础设施的建设。同时,以农协为主,帮助核心农户和生产合作组织妥善经营农户出租或委托作业的耕地。这种以租赁为主要方式的规模经营战略获得了成功。

随着我国工业化、城镇化快速推进和农村劳动力大量转移,农村土地流转速度加快。农业经营规模和组织化程度也相应提高,由种植大户、家庭农场、专业合作组织和农业龙头企业等组成的新型农业经营体系逐渐显现。但是,从中国国情以及国内外实践来看,在生产领域,适合土地经营的主体还是以农户为主。在"家庭农场"模式中,土地归村民集体所有的性质是不变的,向外承包土地的一方在合同到期后可以收回土地。因而,"家庭农场"模式不会伤害农业的根基,不会伤害其他农民和村集体的利益,也不会伤害农业公平。另一方面,由于"家庭农场"实行规模化、集约化、商品化生产经营,因而具备较强的市场竞争能力。因此,在国家惠农政策的鼓励扶持下,"家庭农场"必将成为农业农村改革发展的排头兵和骨干力量。但我国的家庭农场是 2012 年前后才兴起的新型土地规模经营主体,一直以地方实践为主,中央层面尚未对其做明确定义,尽管具备较强的技术能力和生产实践经验,但由于缺少资金,对基础设施和生产资料长期性投入能力不足,加上土地流转不规范引发的隐忧,使家庭农场主扩大生产的积极性受到影响。

2019 年 9 月,经国务院同意,中央农办、农业农村部、国家发展改革委等11 部门和单位联合印发《关于实施家庭农场培育计划的指导意见》,对加快培育发展家庭农场作出总体部署,提出建立健全家庭农场的政策支持体系。第一,依法保障家庭农场土地经营权。健全土地经营权流转服务体系,鼓励土地经营权有序向家庭农场流转。家庭农场通过流转取得的土地经营权,经承包方书面同意并向发包方备案,可以向金融机构融资担保。第二,加强基础设施建设。鼓励家庭农场参与粮食生产功能区、重要农产品生产保护区、特色农产品优势区和现代农业产业园建设。支持家庭农场开展农产品产地初加工、精深加工、主食加工和综合利用加工,自建或与其他农业经营主体共建集中育秧、仓储、烘干、晾晒以及保鲜库、冷链运输、农机库棚、畜禽养殖等农业设施,开展田头市场建设。支持家庭农场参与高标准农田建设,促进集中连片经营。第三,健全面向家庭农场的社会化服务。公益性服务机构要把家庭农场作为重点,提供技术推广、质量检测检验、疫病防控等公益性服务。鼓励农业科研人员、农技推广人员通过技术培训、定向帮扶等方式,为家庭农场提供先进适用技术。第四,健全家庭农场经营者培训制度。国家和省级农业农村部门要编制培训规划,县级农业农村部门要制定培训计划,使家庭农场经营者至少每三年轮训一次。支持各地依托涉农院校和科研院所、农业产业化龙头企业、各类农业科技和产业园区等,采取田间学校等形式开展培训。第五,强化用地保障。利用规划和标准引导家庭农场发展设施农业。鼓励各地通过多种方式加大对家庭农场建设仓储、晾晒场、保鲜库、农机库棚等设施用地支持。第六,完善和落实财政税收政策。鼓励有条件的地方通过现有渠道安排资金,采取以奖代补等方式,积极扶持家庭农场发展,扩大家庭农场受益面。支持符合条件的家庭农场作为项目申报和实施主体参与涉农项目建设。第七,加强金融保险服务。鼓励金融机构针对家庭农场开发专门的信贷产品,在商业可持续的基础上优化贷款审批流程,合理确定贷款的额度、利率和期限,拓宽抵质押物范围。开展家庭农场信用等级评价工作,鼓励金融机构对资信良好、资金周转量大的家庭农场发放信用贷款。全国农业信贷担保体系要在加强风险防控的前提下,加快对家庭农场的业务覆盖,增强家庭农场贷款的可得性。第八,支持发展"互联网+"家庭农场。提升家庭农场经营者互联网应用水平,推动电子商务平台通过降低入驻和促销费用等方式,支持家庭农场发展农村电子商务。第九,探索适合家庭农场的社会保障政策。鼓励有条件的地方引导家庭农场经营者参加城镇职工社会保险。有条件的地方可开展对自愿退出土地承包经营权的老年农民给予养老补助试点。

4.3.2　农民专业合作社

1) 合作经济的产生与基本特征

合作经济是一个全球性的概念和实践活动。早在 19 世纪,西方一些国家就开始了合作经济的探索。19 世纪初,以欧文、傅立叶为代表的空想社会主义者开始进行合作经济的探索,成立了一些生产、生活高度集中统一的合作社,由于脱离实际,都以失败告终。1844 年,为了应对零售商的盘剥,英国罗虚代尔镇的 28 名纺织工人组建了罗虚代尔公平先锋社,标志着世界上第一个合作社的诞生。罗虚代尔公平先锋社每个人出 1 英镑股金,同意采购面包等生活必需品,为大家提供服务。到 20 世纪 30 年代,罗虚代尔公平先锋社社员发展到 4 万多人,创办了屠宰场、加工厂,拥有上百家分店。罗虚代尔公平先锋社的成功主要归功于其章程规定的社员入社、退社自由,管理充分民主,按社员的交易额分配盈余等原则,同时也激发了欧美其他地区劳动者创办合作社的积极性,罗虚代尔原则也被各国合作社所采纳,形成了国际公认的合作社原则。随着合作社的发展,合作社之间也由分散走向联合,并从局部地区联合发展到国内乃至国际的联合,如法国的合作社联盟,日本、韩国的全国农业协同组合联合会等。1895 年,国际合作社联盟在英国伦敦成立,标志着合作经济已进入稳步发展阶段。1946 年,国际合作社联盟成为获得联合国咨询地位的非政府性机构,在联合国经社理事会享有第一咨询地位。目前国际合作社联盟有来自 120 多个国家的 240 多个成员组织,代表着7 亿多合作社社员,社员遍布全世界。

自愿、自治和民治管理是合作社制度最基本的特征。合作社作为一种独特的经济组织形式,其内部制度与公司型企业相比有着本质区别。股份公司制度的本质特征是建立在企业利润基础上的资本联合,目的是追求利润的最大化,"资本量"的多寡直接决定盈余分配情况。在合作社内部,起决定作用的不是成员在合作社中的"股金",而是"交易"。合作社的主要功能是为社员提供交易上所需的服务,合作社与社员的交易不以营利为目的。合作社的盈余除了一小部分留作公共积累外,大部分要根据社员与合作社发生的交易额的多少进行分配。实行按股分红与按交易额分红相结合,以按交易额分红为主,是合作社分配制度的基本特征。当然,合作社与其他经济主体的交易也是以营利为目的的。

2）农民专业合作社的主要特征

按照《中华人民共和国农民专业合作社法》的规定,农民专业合作社是指在农村家庭承包经营的基础上,同类农产品的生产经营者或者同类农业生产经营服务的提供者、利用者自愿联合、民主管理的互助性经济组织。农民专业合作社以其成员为主要服务对象,提供农业生产资料的购买,农产品的销售、加工、运输、贮藏以及与农业生产经营有关的技术、信息等服务。农民专业合作社与以公司法人为代表的企业法人一样,是独立的市场经济主体,具有法人资格,享有生产经营自主权,受法律保护,任何单位和个人都不得侵犯其合法权益。

我国农民专业合作社有以下主要特征。

（1）农民专业合作社是一个具有互助性质的经济组织。农民专业合作社首先是一个经济组织,着重解决的是农业组织化程度不高和农民进入市场难、竞争力弱的问题;其次,农民专业合作社是以成员自我服务为主要目的而成立的,参加合作社的成员都是希望借助联合起来的力量,以合作互助提高规模效益,解决单个人在生产经营中不能解决的经济方面的问题。这种互助性的特点,决定了农民专业合作社是以其成员为主要服务对象,以服务成员为宗旨,致力于完成一家一户农民办不了、办不好、办了不合算的事。

（2）农民专业合作社是以盈余返还为特征的经济组织。合作社是劳动者结成的利益共同体,是劳动者进行自我服务的组织。它的根本目的不是获取利润,而是为全体组织成员提供多种所需要的服务。企业在任何情况下都是以谋求利润最大化为出发点的,否则它就无法生存。但在合作社中,所有者与惠顾者合而为一,对内不可能以盈利为目的,但对外,作为经济组织是要实现利润最大化的。因此,合作社的当年收益,按照《农业专业合作社法》规定,在按一定比例弥补亏损和提取公积金后,应按照成员与本社的交易量(额)比例返还,并且返还总额不得低于可分配盈余的 60%。这是合作社与一般企业的根本区别之一,也是合作社享受国家税收减免政策的主要依据。

（3）农民专业合作社是实行自愿联合、民主管理的经济组织。农民专业合作社实行"入社自愿、退社自由"的原则,农民可以根据自己的意愿,加入一个或多个合作社,也可以按照自己意愿退出合作社,但退社必须依法办理相关的财产交割。同时,农民专业合作社的各位成员在组织内部地位平等,实行民主管理,包括民主选举本组织领导人、民主制定章程和相关制度、民主决策经营服务的内容和方法、民主决定收益分配方式等,而且合作社内部在决策时,每个成员享有平等的投票权(即一人一票)和章程规定的附加投票权,充分体现"民办、民有、民管、民受益"的精神。

(4)农民专业合作社是以农民为主体的专业性经济组织。农民专业合作社是农民自愿组织起来的,它的主要成员是农民,按照合作社法规定,农民至少应占合作社成员总数的80%。同时,合作社又以两个同类(同类农产品的生产经营,同类农业生产经营服务)为纽带,将农民组织起来实现共同经济目的。因此,合作社的经营服务内容具有很强的专业性。这里所称的"同类"是指以《国民经济行业分类》规定的中类以下的分类标准为基础,提供该类农产品的销售、加工、运输、贮藏、农业生产资料的购买,以及与该类农业生产经营有关的技术、信息等服务。例如,可以是种植专业合作社,也可以是更具体的葡萄种植专业合作社、柑橘种植专业合作社等。

(5)农民专业合作社是建立在农村家庭承包经营基础上的经济组织。农民专业合作社区别于农村集体经济组织,是由依法享有农村土地承包经营权的农村集体经济组织成员,即农民,自愿组织起来的新型合作社,加入农民专业合作社不改变家庭承包经营。

因此,我国农民专业合作社依法应遵循五项基本原则:一是成员以农民为主体;二是以服务成员为宗旨,谋求全体成员的共同利益;三是入社自愿、退社自由;四是成员地位平等,实行民主管理;五是盈余主要按照成员与农民专业合作社的交易量(额)比例返还。

3)发展农民专业合作社的重要意义

(1)有助于提高农民进入市场的组织化程度。随着农业市场化程度的提高和农产品供求关系的变化,千家万户的小生产与千变万化的大市场难以对接的矛盾日益加剧。为解决这一矛盾,一方面需要通过农业劳动力转移和农用土地流转,扩大农业的经营规模;另一方面需要通过发展农民专业合作社,提高农民的组织化程度。

(2)有助于推进农业产业化经营。"公司+农户"是农业产业化经营的基本形式,由于公司和农户是两个独立的利益主体,它们的利益联结缺乏有效的制度保障,特别是在市场波动时难以真正结成利益共同体。而农民专业合作社植根于农民之中,既能保持农户家庭的独立经营,又能克服农户单家独户在经营中的局限性,维护农民的利益,使入社农民形成利益共同体。因此,农民专业合作社是农业产业化经营的理想载体,它既可以通过在组织内部发展龙头企业来实现产业化经营,又可以依托自身的组织优势,在龙头企业和农户之间发挥中介作用,推进农业产业化经营。

(3)有助于提高农民的自身素质。农民专业合作社可以使农民在科技推广、分工协作、组织管理、市场营销、对外联系、民主决策等方面得到锻炼,这既有利于农民科技意识、营销能力和合作精神的培育,又可以增强农民的民主意识和参与意识,提高农民自我组织、自我服务、自我管理、自我教育的能力。

(4)有助于改善政府对农业的管理。农民专业合作社的发展是市场经济环境下农村微观经济组织的再造和创新,它不仅架起了农民联结市场的桥梁,也架起了农民联结政府的桥梁。政府可以通过农民专业合作社这一中介来引导农民,把国家的产业政策和措施落到实处。

4.3.3 农业产业化龙头企业

农业产业化龙头企业集成利用资本、技术、人才等生产要素,带动农户发展专业化、标准化、规模化、集约化生产,是构建现代农业产业化体系的重要主体,也是推进农业产业化经营的关键。农业产业化龙头企业是产业化经营的组织者,一端与广大农户链接,在另一端与流通商或消费者链接,充当着农产品供需市场的桥梁,同时也是产业化经营的营运中心、技术创新主体和市场开拓者,在经营决策中处于主导地位,起着关键枢纽的作用。农业产业化龙头企业作为农业经营的关键主体,40年来迅速发展壮大,截至2018年年底已达到8.97万家,比21世纪初增长2.3倍。

(1)稳定农业生产保供给。龙头企业发轫于20世纪80年代,源动力是为解决农民分户经营与市场衔接的难题。按照市场需求组织生产,龙头企业能有效带动农业结构调整,破解农产品买难、卖难问题,对保障国家粮食安全和重要农产品有效供给发挥了重要作用。2000年,我国成立了由农业部牵头的全国农业产业化联席会议,并在 2003 年认定了第一批国家重点龙头企业。在国家政策大力扶持下,龙头企业迅速发展壮大,涌现出一批主导产业突出、规模效应明显、组织化程度较高的企业集群。党的十八大以来,龙头企业顺应农业供给侧结构性改革新形势,逐渐成为优质高端农产品供给的主力军。这一进程中,很多龙头企业将成熟的商业模式和经营理念引入农业,带动农户发展既适宜本地资源禀赋,又具有市场潜力的特色产品,助力现代农业产业由产品经济、数量经济向绿色经济、品牌经济加速转变,成为农业供给侧结构性改革的排头兵。目前,全国有一亿多农户与龙头企业签订订单,形成了粮食产业的"新雁阵";超过 50% 的省级以上重点龙头企业获得绿色、有机、地理标识等认证,产品数量超过 3 万个。

（2）紧密联结农户促增收。带动农民增收致富是龙头企业区别于一般工商企业的本质所在,也是政府支持龙头企业发展的初衷所在。自产生以来,龙头企业不断创新优化联农带农机制,带动农户数量越来越多,增收效果越来越明显。从最初简单的产品收购,发展出订单合同、合作经营、股份合作等方式;从让农户挣薪金、收租金、得售金,发展到享返利、分股金;从带动农民对接市场,发展到提高农民自我发展能力,带动农民进入新产业、发展新模式。近年来,广大龙头企业以产业扶贫为重点,通过托管代养、培育产业、创造就业、吸收入股、服务支持等方式,积极带动贫困地区发展特色产业,深入推进精准扶贫、精准脱贫,逐渐成为产业扶贫的重要贡献者。截至 2018 年底,以龙头企业为主体的农业产业化组织辐射带动超过全国一半农户,农户年户均增收超过 3200 元;省级以上重点龙头企业与国家级贫困县合作创建绿色有机基地超过 1300 万亩,直接带动建档立卡贫困户超过 9700 家;832 个国家级贫困县共培育市级以上龙头企业 1.4 万家,这些企业更是直接对接贫困户,帮助他们脱贫致富。在带领农民合作社、家庭农场和广大农户抱团发展中,在带动贫困户脱贫致富中,龙头企业也在不断聚集产业要素,构建起龙头企业、新型经营主体和农户分工明确的体系,形成了培育一个企业、壮大一个产业、致富一方农民的格局。

（3）推进一二三产融合发展。龙头企业是引领农业科技创新、推动农业现代化建设的重要力量。借助农业科技水平迅速提升的东风,龙头企业充分发挥创新机制灵活、研发针对性较强、成果转化率较高的优势,将产学研、农科教集于一体,推动产业链延伸、价值链提升、核心竞争力增强,并带动产业链各主体打造完整的现代农业产业体系。随着改革开放不断深入,我国城乡居民消费结构升级、消费方式变化以及信息技术快速发展,龙头企业积极践行产业融合发展理念,推动农业与文化旅游产业"联姻"、与"互联网＋"深度结合,发展休闲农业、创意农业等新兴产业,拓展电子商务、网络互联等新兴业态,成为乡村产业转型升级的重要引领者。至 2018 年年底,省级以上重点龙头企业科技研发投入同比增长超过 15%,拥有研发科技人员超过 60 万名,近三成的龙头企业科技研发投入占年销售收入的比重超过 1%,超过四成的龙头企业建有专门研发机构,1/8 的龙头企业获得国家高新技术企业称号。同时,超过 4 成的省级以上重点龙头企业通过互联网渠道开展农产品销售,互联网销售收入同比增加 15.64%,1/6 以上的龙头企业发展休闲农业等。

2019 年国务院印发《关于促进乡村产业振兴的指导意见》,明确要求支持农业产业化龙头企业发展,鼓励发展以农业产业化龙头企业带动、农民合作社和家庭农场跟进、小农户参与的农业产业化联合体,培育多元融合主体促进产业融合发展。

4.4 农业社会化服务体系及其发展重点

4.4.1 发展农业社会化服务的重要意义

农业社会化服务是指贯穿农业产业链条,直接完成或协助完成农业产前、产中、产后各环节作业的社会化服务。加快发展农业社会化服务业,对于培育农业农村经济新业态,构建现代农业产业体系、生产体系、经营体系具有重要意义。

(1) 农业社会化服务是将普通农户引入现代农业发展轨道的重要途径。家庭经营适合我国国情农情,具有持久生命力。随着现代农业加快发展和农业劳动力减少、老龄化问题日渐突出,普通农户在生产过程中面临许多新问题,一家一户办不了、办不好、办起来不合算的事越来越多。发展农业社会化服务,解决普通农户在适应市场、采用新机具新技术等方面的困难,有助于将一家一户小生产融入农业现代化大生产之中,构建以家庭经营为基础的现代农业经营体系。

（2）农业社会化服务是推进多种形式适度规模经营的迫切需要。通过土地流转扩大土地经营规模,是提高农业劳动生产率,实现农业规模经营的一条重要途径。让农户根据自身状况和需求选择服务组织提供的专业化服务,既满足农户参与生产、从事家庭经营的愿望,又通过统一服务连接千家万户,连片种植、规模饲养,形成服务型规模经营,也是实现农业规模经营的一条重要途径。

（3）农业社会化服务是促进农业增效和农民增收的有效手段。发展农业社会化服务,通过服务组织集中采购农业生产资料,积极推广标准化生产,充分发挥农业机械装备的作业能力和分工分业专业化服务的效率,有效降低农业物化成本和生产作业成本,提高单位面积产量和农产品品质,有助于实现农业节本增产增效,促进农民增加收入。

（4）农业社会化服务是建设现代农业的重要组成部分。将现代生产要素引入农业是建设现代农业的本质要求。发展农业社会化服务,通过服务组织以市场化方式将现代生产要素有效导入农业,实现农户生产与现代生产要素的有机结合,成为转变农业发展方式、提升资源要素配置效率的重要途径,增强农业质量效益和竞争力。

4.4.2　农业社会化服务的发展重点

（1）农业市场信息服务。重点是围绕农户生产经营决策需要,健全市场信息采集、分析、发布和服务体系,用市场信息引导农户按市场需求调整优化种养结构、合理安排农业生产。定期发布重要农产品价格信息,增强价格信息的及时性和农民的可及性。发布国内外农产品市场供求形势研判,市场热点问题解读,预警市场运行风险,防止生产盲目跟风和市场过度炒作。支持服务组织为农户和新型经营主体提供个性化市场信息定制服务,提高服务的精准性有效性。

（2）农资供应服务。重点推进在良种研发、展示示范、集中育秧（苗）、标准化供种、用种技术指导等环节向农民和生产者提供全程服务。开发种子供求信息和品种评价、销售网点布局等信息在内的手机客户端,为农民科学选种、正确购种提供服务。开展种子种苗、畜种及水产苗种的保存、运输等物流服务。发展兽药、农药和肥料连锁经营、区域性集中配送,方便农民购买。发展青贮饲草料收贮,优质饲草料收集、精准配方和配送服务。发展面向渔业的冰、水、油、电等生产补给服务以及冷库、水产品运销等配套服务。

(3)农业绿色生产技术服务。重点开展深翻、深松、秸秆还田等田间作业服务,集成推广绿色高产高效技术模式。指导农户采用测土配方施肥、有机肥替代化肥等减量增效新技术,推进肥料统供统施服务,加快推广喷灌、滴灌、水肥一体化等农业节水技术。推广绿色防控产品、高效低风险农药和高效大中型施药机械,以及低容量喷雾、静电喷雾等先进施药技术,推进病虫害统防统治与全程绿色防控有机融合。鼓励动物防疫服务组织、畜禽水产养殖企业、兽药生产企业、动物诊疗机构和相关科研院所等各类主体提供专业化动物疫病防治服务。

(4)农业废弃物资源化利用服务。支持专业服务组织收集处理病死畜禽。在养殖密集区推广分散收集、集中处理利用等模式,建立畜禽养殖废弃物收集、转化、利用三级服务网络,探索建立畜禽粪污处理和利用受益者付费机制。加快残膜捡拾、加工机械、残膜分离等技术和装备的研发,探索生产者责任延伸制度,由地膜生产企业统一供膜、统一回收。推广秸秆青(黄)贮、秸秆膨化、裹包微贮、压块(颗粒)等饲料化技术,采取政府购买服务、政府与社会资本合作等方式,培育一批秸秆收储运社会化服务组织,发展一批生物质供热供气、颗粒燃料、食用菌等可市场化运行的经营主体,促进秸秆资源循环利用。

(5)农机作业及维修服务。推进农机服务领域从粮棉油糖作物向特色作物、养殖业生产配套拓展,服务环节从耕种收为主向专业化植保、秸秆处理、产地烘干等农业生产全过程延伸,形成总量适宜、布局合理、经济便捷、专业高效的农机服务新局面。鼓励服务主体利用全国"农机直通车"信息平台提高跨区作业服务效率,加快推广应用基于北斗系统的作业监测、远程调度、维修诊断等大中型农机物联网技术。鼓励开展农机融资(金融)租赁业务。打造区域农机安全应急救援中心和维修中心,以农机合作社维修间和农机企业"三包"服务网点为重点,推动专业维修网点转型升级。在适宜地区支持农机服务主体以及农村集体经济组织等建设集中育秧、集中烘干、农机具存放等设施。在粮棉油糖作物主产区,依托农机服务主体探索建设一批"全程机械化＋综合农事"服务中心,为农户提供"一站式"田间服务。

（6）农产品初加工服务。支持农产品加工流通企业和服务组织发展储藏、烘干、清选分级、包装等初加工服务,提高商品化处理能力。加强农产品贮藏保鲜冷链体系建设,支持常温贮藏、机械冷藏、气调贮藏、减压贮藏等多种贮藏保鲜设施集中连片建设。支持服务组织加强贮藏保鲜技术培训,鼓励"一库多用"。因地制宜推广热风干燥、微波干燥及联合干燥等技术和设备,加大对燃煤烘干设施节能减排除尘技术的改造力度。在适宜地区鼓励推广高效节能环保的太阳能干燥、热泵干燥技术和装备,建设区域性智能化大型烘干中心。按照离产业园区近、离农产品交易中心近、离交通主干道近、离电源近的原则,支持有条件的地方集成农产品储藏、烘干、清洗、分等分级、包装等初加工设施,建设粮油烘储中心、果菜茶加工中心,提供优质高效的初加工"一条龙"服务。

（7）农产品营销服务。提供农产品预选分级、加工配送、包装仓储、信息服务、标准化交易、电子结算、检验检测等服务。完善农产品物流服务,推进农超对接、农社对接,利用农业展会开展多种形式的产销衔接,拓宽农产品流通渠道。积极发展农产品电子商务,鼓励网上购销对接等多种交易方式,促进农产品流通线上线下有机结合。鼓励具有资质的服务组织开展农产品质量安全检验检测,推动农产品质量安全检测结果互认,为生产者和消费者提供准确、快捷的检测服务。推动基层农产品质量安全监管机构提供追溯服务,指导生产经营主体开展主体注册、信息采集、产品赋码、扫码交易、开具食用农产品合格证等业务。

第 5 章　都市型现代农业

5.1　都市农业的兴起与发展

20 世纪 80 年代中期开始的城市经济体制改革推动了我国经济的高速增长和城镇居民收入的迅速增加,但同时城市也出现了副食品供求矛盾加剧、物价上涨过快、通货膨胀压力加大的状况。在这种形势下,1988 年,农业部建议在全国实施以发展生产、搞活流通、产销统筹考虑、改善城市副食品供应为主要目标的"菜篮子工程"建设,得到了国务院的批准,并迅速在全国展开。中央对"菜篮子工程"建设高度重视,专门召开会议研究大中城市"菜篮子"问题。会议指出,大中城市郊区要抓好"菜篮子工程",保证主要副食品的生产和供应。副食品市场是否丰富、价格是否合理是关系人民群众切身利益的大事。各级政府,特别是大中城市政府,要坚持不懈地抓好"菜篮子工程"建设。在这样的背景下,北京、上海等经济较发达地区提出了建设城郊型农业,旨在为城市提供新鲜农副产品。1994 年 12 月,北京市朝阳区将都市农业列为"九五"经济发展六大工程之首。上海市在"九五"发展纲要中也明确指出都市农业是上海农业发展的方向。1998 年,在北京召开了首次全国都市农业研讨会,北京、上海、天津、深圳、厦门等地的代表出席了会议。2006 年 9 月 14 日,中国农学会成立了都市农业分会。都市农业逐渐成为学界及实践部门讨论的热点问题。总体上,我国的都市农业发展是伴随着城镇化推进而发展起来的。

5.1.1　城镇化与都市现代农业的兴起

1）快速城镇化对农业发展的影响

新中国成立后,我国的工业化开始正常起步,社会进入城市化推进期,但由于计划经济体制原因,农村人口被限制进入城市,在改革开放前的30年时间内,城市化率由10.64%上升为17.92%,实际上1961年城市化率就已经达到19.29%,此后近20年的时间几乎没有变化,甚至略有下降。改革开放后的32年时间内城市化率上升了33%。相关研究估计,我国城市化率将在2030年左右达到70%。快速推进的城市化使城市规模迅速扩张,大城市的数量也大幅度增长。城市化的推进、城市规模的扩张深刻地改变了社会经济结构,而社会经济结构的改变又全方位影响了现代农业的发展,主要体现在以下四个方面。

（1）社会经济结构持续变化是城市化快速推进时期最重要的特征。城市化快速推进的基本内容就是大量农业人口持续向城市非农产业转移,这种转移引起社会经济结构持续不断的变化,而在前城市化时期、城市化完成后以及城市化的缓慢推进时期,社会经济结构的变化都是非常微小的。这些变化包括人口跨区域迁移引起需求的区域结构变化,人口跨产业转移引起社会就业结构、收入结构的变化,农业人口持续转移引起农业经营者队伍的不稳定,非农产业的发展引起农业在国民经济中的份额持续下降。这些变化将对整个农业系统,尤其是城市周边的都市农业系统产生巨大的影响。

（2）城市化快速推进改变了社会食物需求数量和结构。近年来"菜篮子"产品的结构性失衡屡屡发生,这与城市化快速推进对社会食物需求数量和结构的改变有直接关系。基于食物供给这一核心问题,城市和农业之间存在着千丝万缕的关系,这些关系在大城市郊区比普通农区更为密切,主要原因在于距离上的接近使得人员、商品和生产要素流通的运输成本和交易成本更低。城市化的推进主要从四个方面改变食物需求数量和结构:第一,农业人口变成非农业人口,更多的人口需要通过市场获得食物,这就直接提升了农业的市场化程度;第二,源于收益率提升的人口转移,带来了全社会收入水平的提升,从而促进农产品消费数量增加和消费结构升级;第三,人口的跨区域转移改变了原有的供需区域结构,导致市场供需平衡难度增大;

第四,城市规模不断扩大,城市郊区的农地面积不断减少,城市人口的食物均衡供应问题变得更加严峻。这些变化对于大城市郊区的都市农业发展不耐储运农产品和高品质农产品也带来了机遇。

(3)城市化对传统生产要素的竞争提升了都市农业经营成本。近几年来,经营成本大幅上升,尤其是土地成本和劳动力成本的上升成为各地都市农业经营面临的一大挑战,部分地区甚至出现了雇不到劳动力的情况,这与城市化过程中非农产业与农业之间的要素竞争加剧有直接关系。城市作为人口和产业聚集之地,与农业之间存在对土地和劳动力两种传统农业生产要素的竞争。土地和劳动力的占有者如何使用(自用或他用)这些要素是依据收益率来决策的。要素会从收益率低的产业流入到收益率高的产业,而随着这种流动,原来收益率低的产业,因供给减少,产品价格会上升,因要素投入量减少,边际产量会上升,结果导致要素收益率上升;原来收益率高的产业,因供给增加,产品价格会下降,因要素投入量增加,边际产量会下降,结果导致要素收入率下降。最终的结果是要素在每一个行业的收益率趋向一致。就土地来讲,随着城市的扩张,城市对土地的需求增加,土地非农化的收益率会显著上升,但随着越来越多的土地非农化后,土地非农化的收益率逐渐下降(如房产价格下降、土地边际生产力下降),而土地农业利用的收益率会逐渐上升(如农产品价格上升、土地农产品边际生产力上升),最后,土地不再进一步非农化。劳动力同样存在这样的趋势:工业化的发展使工业对劳动力的需求增加,劳动力非农业就业的收益率会显著上升,但随着越来越多的劳动力转移出农业后,劳动力非农业就业的收益率逐渐下降(工业品价格下降、劳动力边际生产力下降),而农业劳动力的收益率会逐渐上升(农产品价格上升、农业劳动效率提高),最后,劳动力不再进一步非农就业。城市化推进时期的大城市郊区,土地和劳动力都面临着非农化收益率不断提高的趋势。

(4)城市化形成的先进生产要素为都市农业现代化改造提供条件。都市农业近几年来的迅速发展与大量先进要素进入都市农业有直接关系。城市非农产业的发展聚集了资本、技术和管理等大量先进生产要素,由于市场竞争的加剧,这些先进生产要素在非农产业中的收益率逐渐下降。但对于相对落后的农业产业来讲,这些先进生产要素能够大幅度提升农业生产效率,同时农产品需求又在不断增加,从而这些要素能够获得比在非农产业中更高的收益率。因此,随着城市化的快速发展,城市的先进生产要素存在进入农业产业获利的动机。从农业角度讲,就是现代化改造的机遇。基于大城市郊区的区位优势,都市农业发展将首先获得这样的机会。

2)新型城镇化建设对都市现代农业的要求

在工业化和城市化快速推进的过程中,在社会经济结构持续变动的大背景下,都市农业既有自然生态环境不断被侵蚀和传统要素成本不断升高的挑战,也有消费市场不断扩大和先进要素不断进入的机遇。有效应对现代农业发展面临的各种挑战,充分利用大城市特殊的区位优势和良好的发展机遇,服务好城市居民,保护好农民利益,并在我国农业现代化发展中扮演好先行者和领导者,是我国未来新型城镇化对都市现代农业提出的重要战略任务,不仅需要从农业发展角度来定位,也需要从其应该具有的社会功能角度定位,主要体现在以下五个方面。

(1)构建结合城市需求和资源优势的农业产业结构。都市农业总是表现为具体的农业产业结构,都市农业的社会功能也需要通过具体的农业产业结构来实现。从市场规律和资源配置的角度来看,都市农业产业结构的优化方向应当结合中心城市需求和区域资源优势。从中心城市需求角度讲,都市农业应重点发展不耐储运农产品、高安全风险农产品和休闲观光农业,从区域资源优势角度讲,都市农业还应该稳定发展优势农产品、特色农产品和高技术农业。

(2)构建均衡、快捷、安全、价廉的农产品供给保障体系。适应城市需求的农业产业结构只是城市农产品供给保障体系的基础,城市所需要的供给保障功能对都市农业有更高的要求。完善的都市农产品供给保障体系包括农产品周年均衡供应保障体系、突发事件快速供应保障体系、农产品质量安全保障体系和农产品价格水平保障体系。

(3)构建兼顾生产、生态、生活的农业多功能开发体系。农业的传统功能主要是在提供农产品的同时为社会提供更多的经济利益。随着工业化的推进,农业的经济功能逐渐下降,产品保障功能继续保持,另外更增加了维护生态和丰富精神文化生活的功能。农业多功能的开发不仅满足了社会的需要,也是增加农业经营者收入的重要途径。构建都市农业多功能开发体系是在稳定生产供给保障功能的前提下,充分挖掘农业的生态和生活功能。

(4) 构建融合先进技术和科学管理的现代农业产业群。不论是面对越来越严峻的资源环境约束,还是应对越来越激烈的国际农业竞争,我国农业都需要建立起一批真正具有世界水平的现代农业产业群。不论是从市场需求拉动,还是从资本技术条件,都市农业体系都应成为培育这些现代农业企业,以及以这些企业为核心的现代农业产业群的主要环境。在培育现代农业产业群的过程中,各区域都市农业应该根据各自区位优势和资源优势进行分工协作,以发挥整体的推动作用。融合先进技术和科学管理是现代农业产业群的基本特征。

(5) 构建繁荣有序、和谐稳定的城乡一体化发展格局。城市化的发展过程也是消除城乡二元结构、促进城乡一体化发展的过程,都市农村地区处于城市化发展的前沿,将率先实现城乡一体化发展。都市农业作为城郊农民的传统利益来源和都市农村重要的经济活动,将在构建城乡一体化发展格局中扮演重要的角色。消除城乡二元结构、促进城乡一体化发展的关键在于消除制约一体化发展的各种因素,也就是要为城乡经济主体构建起相同的发展条件,针对都市农村地区的现实,相同的发展条件主要包括给予经济要素合理流动的机会,并为相对弱势的群体提供更多的保护。

5.1.2 我国都市现代农业的发展

2012 年 1 月 13 日国务院印发的《全国现代农业发展规划(2011—2015年)》(国发〔2012〕4 号)提出,到 2015 年,东部沿海、大城市郊区和大型垦区等条件较好区域率先基本实现农业现代化。为深入贯彻落实 2012 年中央"一号文件"精神和《全国现代农业发展规划》部署,总结交流近年来各地发展都市现代农业的做法和经验,进一步深化对发展都市现代农业的认识,推动都市现代农业加快发展,2012 年 4 月 26 至 27 日,农业部在上海召开全国都市现代农业现场交流会,这是农业部第一次以都市现代农业为主题、专门面向大中城市召开的一次现场交流会。农业部部长韩长赋在会上强调,大力发展都市现代农业,推动城郊地区率先基本实现农业现代化,是当前和今后一个时期农业农村经济工作的重要任务。韩长赋部长要求大中城市农业部门要立足全局、面向未来,充分认识发展都市现代农业的重要意义,进一步增强责任感和使命感,自觉把发展都市现代农业作为一项重要任务抓紧抓好。韩长赋部长指出"十二五"总体目标是把都市农业建设成为城市"菜篮子"产品重要供给区、农业现代化示范区、农业先进生产要素聚集区、农业多功能开发样板区、农村改革先行区。

2014 年 4 月 28 日,农业部在四川省成都市召开全国都市现代农业暨"菜篮子"工程现场交流会。农业部部长韩长赋强调,各级城市的农业部门要抓住机遇,乘势而为,努力开创都市现代农业发展新局面,推动大城市率先实现农业现代化,为"四化"同步发展、加快形成城乡发展一体化新格局做出更大贡献。韩长赋指出,大城市经济发展水平高,财力比较雄厚,科技、人才、资本等要素比较集中,市场需求空间比较大,有条件、有能力实现工业反哺农业、城市支持农村,促进城乡要素平等交换和均衡配置,推动都市现代农业发展走在全国农业现代化的前列。经过努力,都市现代农业争取到2020 年率先实现三个目标:一是率先实现农业现代化,成为"菜篮子"产品重要供给区、农业先进生产要素聚集区、农业多功能开发先行区、农业标准化样板区、农产品物流核心区和生态农业示范区;二是率先实现"三农"协调发展,使农业综合生产能力明显增强,农民收入持续较快增长,农村公共服务水平大幅提升,真正实现农业强、农村美、农民富。三是率先实现"四化"同步发展,农业现代化对工业化、城镇化的基础支撑作用进一步增强,工业化、城镇化、信息化对农业现代化的带动作用进一步加大,城乡资源要素实现双向合理流动和平等交换,城乡二元结构明显改变。

2016 年 4 月 27 至 28 日,第三届全国都市现代农业现场交流会在北京市召开。时任国务院副总理汪洋出席会议并讲话,强调要从战略和全局的高度充分认识加快发展新时期都市现代农业的重要性。必须坚持以新发展理念为引领,努力走出一条符合国情农情和时代要求的发展道路。农业部部长韩长赋在会上发言强调,发展都市现代农业要以新发展理念为引领,以服务城市、富裕农民为中心,以转变农业发展方式为主线,大力推进农业供给侧结构性改革。2016 年 10 月 17 日,国务院印发的《全国农业现代化规划(2016—2020 年)》指出,东部沿海、大城市郊区、大型垦区的部分县市已基本实现农业现代化,国家现代农业示范区已成为引领全国农业现代化的先行区。并要求到 2020 年,东部沿海发达地区、大城市郊区、国有垦区和国家现代农业示范区基本实现农业现代化。

2018年5月2至3日,第四届全国都市现代农业现场交流会在天津召开。会议部署推进都市现代农业高质量发展,促进大中城市在实施乡村振兴战略上走在前、做表率。韩长赋在讲话中指出,都市现代农业发展是现代农业和乡村振兴的重要组成部分,处在第一方阵。新时代推进都市"三农"发展要践行新发展理念,牢牢把握高质量发展要求,坚持以实施乡村振兴战略为总抓手,着眼服务城市、繁荣农村、富裕农民,坚持质量兴农、绿色兴农、品牌强农,着力强化科技支撑、拓展农业功能、深化农村改革,加快构建城乡融合发展的体制机制和政策体系,加快推进都市现代农业全面升级、农村全面进步、农民全面发展,到2020年率先基本实现农业现代化,力争2025至2030年大中城市逐步实现乡村振兴和农业农村现代化。会议指出,党的十八大以来,都市现代农业发展取得了积极成效。农产品供给能力显著增强,2017年全国35个大城市蔬菜、肉类、禽蛋、水果等自给率稳定在80%左右,质量安全监测合格率保持较高水平。农业产业结构不断优化,2017年全国35个大城市农产品加工业与农业总产值比值达到2.8∶1,比全国平均水平高0.6个点。农业发展方式加快转变,生态循环农业建设稳步推进,化肥农药施用量明显下降,农业废弃物综合利用率显著提高。改革创新步伐不断加快,探索了一批城郊特色农村改革经验模式。城乡融合水平逐步提高,新型工农城乡关系加快构建。会议强调,各大中城市要立足资源禀赋,加快推进农业转型升级,重点是保证"菜篮子"产品高质量供给、大力推进都市农业绿色发展、着力培育农业品牌、推进一二三产业融合发展、强化现代要素支撑;要在乡村振兴上发挥引领作用,不断加大城乡融合发展力度,努力形成城乡互补、共同繁荣的新型城乡关系,重点是加强村庄建设规划管理、加快人居环境整治、加强基础设施和公共服务建设、加强乡村治理;要在农业农村改革上发挥先行先试作用,当好深化改革的领头羊,强化制度性供给,探索形成改革发展新模式新经验,重点是深化农村土地制度改革、深化农村集体产权制度改革、探索建立职业农民制度、支持建立信贷保险制度。

5.1.3 都市现代农业的发展趋势

党的十九大报告提出实施乡村振兴战略,而作为现代农业高级阶段的都市现代农业,将成为促进城市郊区乡村振兴的前沿阵地。与此同时,都市现代农业发展不仅面临着农业资源环境约束加剧、农业科技创新能力不足、农业人才缺口较大等一般性问题,而且还面临着一系列亟待破解的新挑战:一是农业产出增加与生态环境保护统筹兼顾的挑战,必须在增加农业产出、保障农产品有效供给的基础上更加突出农业生态和休闲功能;二是都市郊区农地资源紧缺加剧,适度集中与农民利益保护矛盾加剧的挑战,亟须构建更有效的农民参与机制和利益分享机制;三是信息时代的挑战,必须将现代信息技术融入农业生产、管理和销售经营全过程,通过创新走出一条高水平的都市现代农业发展新路。展望未来,都市现代农业将呈现以下几个趋势。

(1)深度生态化。借鉴国内外经验,都市现代农业的目标市场在于满足城市居民的需求,当都市现代农业发展到一定阶段后,生态安全与环境保护功能日益受到政府重视,食品安全保障功能不容忽视。

(2)三产融合化。大中城市都市现代农业"接二连三"功能深化发展,特别是文化与休闲服务功能逐步凸显,观光农业、休闲农业、分享农业、设施农业、工厂化农业、创意农业、养生农业等新产业、新业态将蓬勃发展。

(3)生产智慧化。以大数据、云计算、物联网等为代表的信息科技对包括都市现代农业在内的社会经济产生深刻影响,互联网和物联网正在创新驱动农业向智慧化生产方式转变,信息化将成为都市现代农业发展的助推剂和制高点。

(4)流通体系化。都市现代农业充分体现城乡对接、生产与消费对接的优势,农产品生产要素供给、生产、加工、储运和销售等所有环节的物流服务体系将快速发展。

(5)要素集聚化。都市现代农业便于统筹城乡结合地带的技术、劳动力、资金等先进要素,注重农业科技推广,建立现代化集约型都市现代农业园区,将科技、教育、推广各环节与市场体系密切联结。

(6)立法保障化。法国、德国和日本制定了适合其都市农业发展的政策法规。都市现代农业必然要在法律法规的引导下促进城市经济发展。

5.2　都市现代农业四维理论

随着城市化的快速推进,在市场需求和要素供给都发生根本性变化的背景下,处在城市化前沿的都市现代农业的特殊性和重要性日益显著,专门的研究和专门的政策日益显得必要。都市现代农业具有专门研究的价值并需要专门的政策,在于其与农区农业有重大区别,这种区别是都市现代农业研究的逻辑起点。农业部都市农业重点实验室主任周培教授在多年的都市农业理论研究和实践的基础上提出了都市现代农业四维理论,该理论首先是用来对都市现代农业和农区农业进行系统的区别,然后根据这些区别建立都市现代农业研究的系统框架,并据此探索推动都市现代农业发展的系统措施。

都市现代农业四维理论完整系统地区别都市现代农业和农区农业,包括空间、功能、结构和模式四个具有内在关联的维度。

5.2.1 都市现代农业的空间

发展动力决定都市现代农业的发展空间应包括都市及其延伸地带。发展空间尽管不是都市现代农业的特征因素,却是特征的决定因素,都市界限的不明确给都市农业发展空间的界定带来了不少的麻烦。界定都市农业的发展空间似乎是一个比较困难的事情,但只要我们考虑到都市农业的形成原因,这个问题就容易解决。都市农业的形成有自然演变和政府干预两个方面的原因:自然演变是基础,也就是工业化和城市化的推动,具体讲就是城市经济的辐射;政府干预主要依赖行政管理关系。因此,界定都市现代农业的发展空间应当在尊重发展动力所形成影响的前提下,充分考虑政府干预的需要。确定都市农业区域范围可以依据三大标志:第一,该区域农业主要面向某一特定城市的需求;第二,该区域农业的社会性资源(包括资本、技术、人才等)主要依赖某一特定城市;第三,该区域农业形成了或需要形成与该特定城市密切相关的并显著区别于其他地区的农业生产结构。根据这三大标志,都市农业区域范围主要还是在城市的市辖区范围内,并随着中心城区规模的变化而变化。如果中心城区规模不大,比如一些地级市,其范围会比市辖区农村范围小;如果中心城区足够大,其范围会比市辖区农村范围更大,比如上海的崇明区应纳入都市农业区域。另外,依据这些标志,也不排除行政区域外的地区被纳入都市农业区域范围,只要城市有足够大的辐射力。事实上,上海周边的行政上归属于浙江和江苏管辖的农村基本上也都受到了上海的强大辐射,这些区域也应纳入都市农业区域。

5.2.2　都市现代农业的功能

都市农业的功能既有客观性,又有主观性。从客观的角度讲,都市农业能够发挥什么样的功能受制于发展空间客观存在的资源环境;从主观的角度讲,都市农业应该发挥什么样的功能取决于社会对特殊发展空间中农业的需求。两者的结合最终决定都市农业实际发挥什么样的功能。从客观的角度讲,农业具有潜在的生产、生态和生活功能;从主观的角度讲,处在工业化、城镇化前沿的都市地区对该区域的农业有着特殊的需求,首先是食物供应市场的稳定。同时,工业化、城镇化形成的产业和人口的聚集也会对环境造成巨大的压力。因此,处在都市及其延伸地区的都市农业必然要顺应都市的需求,这种需求就是以生产保障为主体的多元服务功能。针对都市现代农业面临的挑战和机遇,以及其特殊的区位,都市农业对城市居民、都市农村地区的农民和农区农业都将有重要的战略价值,从而其功能定位包括服务都市需求、增加农民收入和带动农区农业。

1) 服务都市需求

都市农业位于都市郊区,是都市经济社会系统的重要组成部分,所以都市农业首要功能应当是服务于都市的需求。具体包括生产供给保障、生态环境维护和生活品质提升。

(1) 生产供给保障。生产供给保障又包括分担粮食安全责任、稳定"菜篮子"产品市场和保障农产品质量安全。粮食安全是国家安全和社会稳定的基础,粮食生产高度依赖自然条件,拥有良好自然资源的大城市郊区理应分担粮食安全责任;粮食生产耗费劳动少,大城市郊区缺乏劳动力资源,有必要稳定粮食生产。不耐储运的"菜篮子"产品必须是连续生产连续消费,生产的时间空间结构能否与消费结构匹配,关系到市场稳定和社会稳定。大市场大流通背景下,市场波动具有传递性,并容易被放大,提高地产能力有助于稳定本地市场,进而稳定全国市场。农产品的质量安全是食品安全的基础,影响农产品质量安全的因素包括生产过程的环境污染和农化物的违规使用,以及储运加工过程中药物的违规使用。高度分工和完全市场化造成城市食品供应链各环节的质量安全信息高度不对称,使食品质量面临极高的安全风险。如何有效防范安全事故,并激励经营者主动提升安全水平,是保供给的重要内容。都市农业在稳定"菜篮子"产品市场和保障农产品质量安全方面应当起到关键的调控和保障作用。

(2)生态环境维护。生态环境问题是工业化和城市化造成的重大社会问题之一。因人口和产业的聚集,城市生态环境非常脆弱,农业具有潜在的维护生态环境的功能,都市农业处于工业化和城市化的最前沿,环境维护功能要远高于农区农业。尽管种植业具有绿地或湿地的效果,但要发挥农业生态维护的功能,首先要避免农业对环境的破坏和污染。在这一前提下,农业积极的生态维护功能主要包括农作物的净化功能和碳汇功能,以及参与城市废弃物的循环。要避免农业对环境的破坏和污染需要从减少使用农化物和产出物循环再利用两个方面入手。环境维护功能在很大程度上无法依赖市场机制来实现,需要政策的规范、引导和支持。

(3)生活品质提升。城市居民的日常工作和生活远离自然环境,都市农业可以为他们提供更多接触自然的机会,以丰富精神文化生活。收入水平的提高和城市生活的单调形成了城市居民对观光休闲农业的需求。开发都市农业丰富人们精神文化生活的功能关键在于如何超越传统的产品理念,充分挖掘农业生产过程能够愉悦精神、舒缓紧张的那些潜在因子。为此,一方面要充分挖掘那些以产品供给和生态维护为主要功能的都市农业的体验和观光功能;另一方面在资源条件允许的情况下,可以发展一定的不以农产品生产为主要目的的专门针对城市居民休闲需求的休闲农业。

2)增加农民收入

尽管都市农业占城市经济的比重已经非常低,城市不太可能依靠农业发展来实现经济增长,同时城郊农民来自非农业的经济收入也越来越多,但都市农业的发展对城郊农民利益的保障仍然具有现实而重要的意义。一方面,农民适应和完全融入城市工作和生活有一个较长的过程,而且由于不可避免市场经济的周期性波动,城市就业的长期稳定性有很大的难度;另一方面,随着产业结构的升级,非农产业吸纳就业的能力将会相对下降,从而在一个相当长的时期里都市农业仍将在增加农民收入方面发挥重要的作用。

3)带动农区农业

都市农业不仅因更容易获得资本和先进技术,从而技术的现代化程度高于农区农业,而且因地处城市化水平高的社会经济结构中,其生产经营组织的现代化程度也要高于农区农业。这些作为农业现代化的基本要素,使都市农业走在全国农业的前列,发挥对农区农业的示范、辐射和带动功能是都市农业的重要历史使命,这也符合农业现代化的扩散和演进规律。

5.2.3　都市现代农业的结构

都市现代农业生产结构基本类型的确立以功能目标为导向,由功能目标可反推生产结构基本类型。由于生产结构又受约束条件的制约,生产结构的基本类型还须从实际出发,依据约束条件进行归类。

在都市现代农业保障供给、农民增收、生态维护、乡村休闲四大功能目标中,现阶段诉求最强烈的是保障供给功能目标和生态维护功能目标。都市现代农业维系城市安全,具有全局性意义,应相对弱化农民增收功能目标。城市郊区农民增收渠道多、难度小,而且获得公共财政扶持的力度也大,都市现代农业相对弱化农民增收功能目标具有可行性。至于乡村休闲功能目标,在城市层面上对都市现代农业生产结构的影响甚微,其功能目标实现的影响主要来自都市农区层面。

从保障供给和生态维护两大功能目标出发,须确立保障供给型农业生产结构和生态维护型农业生产结构。必须强调的是,不能对保障供给和生态维护两大功能目标等量齐观,保障供给是都市现代农业首要和主导的功能目标,生态维护型农业生产结构依然要充分顾及保障供给功能目标的实现。城镇化的快速发展使我国的城市环境不堪重负,保障供给型农业生产结构也须尽可能实现生态维护功能目标。对于保障供给型农业生产结构和生态维护型农业生产结构,农民增收、乡村休闲功能目标在确保实现保障供给、生态维护功能目标的前提下,在都市农区层面上采取有效措施予以兼顾。此外,对约束条件制约较小的城市,应确定功能综合型农业生产结构。

5.2.4　都市现代农业的模式

农业模式是农业的具体生产方式,是从农业生产单元层面探讨生产什么、用什么生产以及如何生产的问题,是农业生产发挥社会功能的具体方式,这里重点讨论都市农业的种养模式。

1）都市种养模式的构成要素

种养模式是农业的具体生产方式，是从农业生产单元层面探讨生产什么、用什么生产以及如何生产的问题，是农业生产发挥社会功能的具体方式。种养模式是一个比较综合的概念，可以是针对种养组合、产品形态、组织方式和技术手段等构成要素中的一个、几个或全部内容而言。

（1）种养组合。尽管种养模式总是针对某一主要产业进行的，但如果没有其他环节的创新，一个单独的种植业或养殖业一般不构成一种模式。由于不同的种养业之间往往存在生物的或经济的依存关系，从而以某一产业为核心的多个种养业的组合生产在现实中非常普遍，比如稻鸭共作、果禽立体种养、多种蔬菜轮作、粮猪循环等，不同的种养组合构成不同的种养模式。不同种养业进行组合生产（包括空间组合和时间组合）一般是为了提高资源利用效率或避免单一生产的缺陷。

（2）产品形态。针对人们不同的需求类型，某一农业生产可以提供不同形态的产品或同时提供多种形态的产品，产品形态包括物质产品、精神产品、生态产品和服务等。一般来讲，要为社会提供不同于传统产品形态的产品，或者同时提供多种形态的产品，需要改变传统的生产方式，这种改变了的方式也可成为一种新模式，比如水稻的生态湿地效应、花卉生产的体验功能、农业生产的多功能开发等。改变产品形态的目的一方面是为了更好地满足人们的多样化需求，另一方面是为了提高生产经营者的经济效益。

（3）组织方式。组织方式是生产单元内部人与人之间、部门与部门之间具体的分工协作关系，组织方式直接影响生产单元的生产效率，并对社会功能的发挥和生产技术手段的采用产生重要影响。农业组织方式主要包括家庭、大户、合作社、企业和一体化等，不同的组织方式可以构成不同的种养模式，比如种养循环的家庭农场模式、蔬菜产销的一体化模式。组织方式的改变主要目的是提高生产效率和经济效益，同时也可以向社会更高效地提供产品。

（4）技术手段。技术是具体使用什么生产资料和方法生产产品，种养组合、产品形态、组织方式的改变都可能依赖技术手段的改变。技术手段的改变能够对整个产品生产提供过程的效率、成本、外部影响等方面产生重大影响，从而一种新的技术手段也可以成为一种新的模式。

新的种养模式可以是以上构成要素中的一个、几个或全部的改变，是否是一种新的模式，一般来讲需要考虑是否在满足需求、提高效率、降低成本、增加收入、维护生态等方面有重大的进步。

2）都市种养模式的影响因素

农业生产的多样性主要表现在种养模式的多样化，不同的种养模式对生产经营者来讲会产生不同的效率、成本和收入；对社会来讲会产生不同的满足类型、满足程度、社会效益和生态效益。这些指标的最终状态受到多种因素的影响，因此，为了获得最佳的上述指标，在不同的外部环境约束下，应该选择或建立不同的种养模式。影响上述指标的最终状态，从而影响种养模式的选择或创新的因素主要包括以下三个方面。

（1）功能定位。功能定位是人们对特定种养模式在满足社会需求和增加生产经营者收入方面的具体要求。很显然，为了实现社会效益、经济效益和生态效益的最大化，不同的功能定位需要不同的种养模式。功能的具体定位主要影响种养组合、产品形态和技术手段的选择。

（2）资源状况。农业生产资源主要包括土壤、气候和水等自然资源，以及劳动力、人才和资本等社会资源。资源状况直接影响农业生产的可能性和成本，充分利用自身有利的自然资源条件可以大幅降低生产成本，而更多使用自身较丰富的社会资源也可降低生产成本。不同的资源状况要求采用不同的种养模式，从而才能最大限度地满足社会需求和减低生产成本。不同的资源状况主要影响种养组合、产品形态和技术手段的选择。

（3）技术水平。技术水平是指社会能够为农业生产提供的技术支持。技术水平决定了农业生产的可能性和成本，对种养组合、产品形态、组织方式和技术手段的选择都有影响。

3）都市种养模式的优化方向

在特定的功能定位、资源状况和技术水平约束下，不同的种养模式的最终效益（包括社会效益、生态效益和经济效益）是不一样的；在不同的功能定位、资源状况和技术水平约束下，同样的种养模式的最终效益也是不一样的，因此，不存在适应所有环境的固定不变的最优种养模式，经营环境的改变需要对原有的种养模式进行重新选择或优化。

（1）优化生产供应体系确保市场稳定。都市宏观的农产品供给结构总是通过微观生产单元的生产体系和销售体系来实现的,都市农业在宏观上要求对都市农产品市场,尤其是"菜篮子"产品市场起到关键的调控作用,从而在微观上需要生产单元重视发展那些调控市场的品种,并建立起比较稳定的销售体系。为此,都市农业种养模式的优化也应重点在种养组合、组织方式和技术手段上围绕那些重点品种展开,比如通过蔬菜科学轮作、高效生产、一体化产销的优化实现都市蔬菜的周年生产和均衡供应。

(2)强化生境过程管控确保质量安全。农产品质量安全是供给保障的主要内容之一,而质量安全风险主要来自生境的污染和生产过程农化物的使用,为此安全的种养模式应重点在组织方式和技术手段上进行创新,确保生境和生产过程能够得到有效管控,比如生境和过程的信息化管控(追溯体系),也可在种养组合和技术手段上重点发展安全生态生产技术,减少农化物的使用,比如蔬菜生态种植技术、果禽生态种养技术等。

(3)发展循环清洁生产维护城市生态。农业有积极的生态维护功能,但不适当的农业生产方式也会对生态产生负面的影响,其中最主要的就是农业废弃物的不当处置。因产业和人口的高度聚集,城市生态本身就非常脆弱,我们的农业生产必须尽可能地减少对城市生态的负面影响,为此都市农业种养模式的创新应在种养组合和技术手段上围绕循环和清洁生产展开,比如粮猪循环、蔬菜废弃物循环利用、水产生态养殖等。

(4)提高集约生产程度提升土地效率。我国人多地少的国情导致我国土地资源非常稀缺,都市地区同时又面临其他产业的竞争,使得形势更为严峻。应对土地资源稀缺,必须提高农业生产的集约化程度,从而提升单位土地的利用效率。从具体的种养模式来讲,可侧重在种养组合和技术手段上从设施生产、立体种养上进行优化。

(5)发展劳动替代技术提高劳动效率。随着城市化和工业化的发展,大批农业劳动力向二三产业转移,农业使用劳动力的成本急剧升高,尤其是都市地区,面对二三产业的激烈竞争,劳动力成本更是节节攀升,面对这种不可更改的必然趋势,发展劳动替代技术,减少劳动力的使用,提高单个劳动力的效率是都市农业发展的必经之路。从种养模式来讲,主要是通过技术手段提升生产的机械化、智能化水平。

(6)通过多元功能开发提高综合效益。尽管经济效益始终都是经营者所追求的,但面对生产成本不断升高的挑战,经济效益对都市农业经营者来讲意义重大,同时因都市农业在产品供给和生态维护方面所能扮演的重要角色,使得提高种养综合效益对都市农业显得尤为重要。很显然,面对都市的多样化需求,都市农业的多元功能开发是提高综合效益的重要途径。从种养模式来讲,应重点从产品形态上进行创意,以增加体验、休闲和旅游的成分,比如针对蔬菜、水果、花卉和其他农业生产过程开发的观光、休闲、旅游农业。

根据都市现代农业四个维度的分析,都市现代农业定义为:都市现代农业是在工业化、城镇化快速推进背景下,面对急剧增长的都市食物需求和日益严峻的资源环境约束,通过科学规划土地资源,合理引导产业布局,在都市及其延伸地带发展起来的,以保障城市农产品供给为主体,以维护城市生态和提升城市生活品质为两翼的,需求导向、资本密集型农业宏观生产结构和环境友好、技术密集型微观种养模式,是实现四化同步的典型代表。

第6章　现代农业发展评价、规划与政策支持

6.1　现代农业发展的评价方法

6.1.1　评价方法

在现代农业综合指标评价体系的设计上,多选择数学模型的构建和使用,现有研究成果主要包括层次分析法、主成分投影法、信息熵法、综合指数法、幂函数法、全要素分析法及数据包络模型等。

1) 层次分析法

层次分析法(analytic hierarchy process,AHP)在 20 世纪 70 年代中期由美国运筹学家托马斯·塞蒂正式提出。它是一种定性和定量相结合、系统化、层次化的分析方法。由于它在处理复杂的决策问题上的实用性和有效性,很快在世界范围得到重视。它的应用已遍及经济计划和管理、能源政策和分配、行为科学、军事指挥、运输、农业、教育、人才、医疗和环境等领域。层次分析法有很多优点,其中最重要的一点就是简单明了。层次分析法不仅适用于存在不确定性和主观信息的情况,还允许以合乎逻辑的方式运用经验、洞察力和直觉。也许层次分析法最大的优点是提出了层次本身,它使得买方能够认真地考虑和衡量指标的相对重要性。

将问题包含的因素分为最高层(解决问题的目的)、中间层(选择为实现总目标而采取的各种措施、方案所必须遵循的准则,也可称策略层、约束层、准则层等)、最低层(用于解决问题的各种措施、方案等)。把各种所要考虑的因素放在适当的层次内,可以用层次结构图清晰地表达这些因素的关系。

该方法的步骤如下。

（1）建立层次结构模型。在深入分析实际问题的基础上，将有关的各个因素按照不同属性自上而下地分解成若干层次，同一层的诸因素从属于上一层的因素或对上层因素有影响，同时又支配下一层的因素或受到下层因素的作用。最上层为目标层，通常只有 1 个因素，最下层通常为方案或对象层，中间可以有一个或几个层次，通常为准则或指标层。当准则过多时（譬如多于 9 个）应进一步分解出子准则层。

（2）构造成对比较阵。从层次结构模型的第 2 层开始，对于从属于（或影响）上一层每个因素的同一层诸因素，用成对比较法和 1～9 比较尺度构造成对比较阵，直到最下层。

（3）计算权向量并做一致性检验。计算每一个成对比较阵的最大特征根及对应特征向量，利用一致性指标、随机一致性指标和一致性比率做一致性检验。若检验通过，特征向量（归一化后）即为权向量；若不通过，需重新构造成对比较阵。

（4）计算组合权向量并做组合一致性检验。计算最下层对目标的组合权向量，并根据公式做组合一致性检验，若检验通过，则可按照组合权向量表示的结果进行决策，否则需要重新考虑模型或重新构造那些一致性比率较大的成对比较阵。

2）主成分投影法

该方法在对指标值进行量纲一化和适当加权处理的基础上，通过正交变换将原有的指标转换为彼此正交的综合指标，消除了指标间的信息重叠问题，并利用各主成分设计一个理想决策变量，以各被评价对象相应的决策向量在该理想决策向量方向上的投影作为一维的综合评价指标。

3）信息熵法

信息是个很抽象的概念。人们常常说信息很多，或者信息较少，但却很难说清楚信息到底有多少，比如一本五十万字的中文书到底有多少信息量。直到 1948 年，信息论之父克劳德·艾尔伍德·香农提出了"信息熵"的概念，才解决了对信息的量化度量问题。信息熵这个词是香农从热力学中借用过来的。热力学中的热熵是表示分子状态混乱程度的物理量。香农用信息熵的概念来描述信源的不确定度，第一次用数学语言阐明了概率与信息冗余度的关系。他指出,任何信息都存在冗余,冗余大小与信息中每个符号(数字、字母或单词)的出现概率或者说不确定性有关。一般而言,当一种信息出现概率更高的时候,表明它被传播得更广泛,或者说,被引用的程度更高。我们可以认为,从信息传播的角度来看,信息熵可以表示信息的价值。这样我们就有一个衡量信息价值高低的标准,可以做出关于知识流通问题的更多推论。

该方法的计算公式如下:

$$H(x) = E[I(x_i)] = E\{\log[2, 1/p(x_i)]\} = -\sum p(x_i)\log[2, p(x_i)]$$
$$(i = 1, 2, \cdots, n)$$

其中,x 表示随机变量,与之相对应的是所有可能输出的集合,定义为符号集,随机变量的输出用 x 表示;$p(x)$ 表示输出概率函数。变量的不确定性越大,熵也就越大,把它搞清楚所需的信息量也就越大。

4)综合指数法

综合指数法是先综合,后对比平均,其最大优点在于不仅可以反映复杂经济现象总体的变动方向和程度,而且可以确切地、定量地说明现象变动所产生的实际经济效果。但它要求原始资料齐全。平均指数法是先对比,后综合平均,虽不能直接说明现象变动的绝对效果,但较综合指数法灵活,便于实际工作中的运用。两种方法的实质一样,因而,可以把平均指数法看作是综合指数法的变形。平均指数法在应用上较综合指数法方便,因此,可以认为平均指数法具有相对独立的意义。

综合指数法将各项经济效益指标转化为同度量的个体指数,便于将各项经济效益指标综合起来,以综合经济效益指数为企业间综合经济效益评比排序的依据。各项指标的权数是根据其重要程度决定的,体现了各项指标在经济效益综合值中作用的大小。综合指数法的基本思路则是利用层次分析法计算的权重和模糊评判法取得的数值进行累乘,然后相加,最后计算出经济效益指标的综合评价指数。

5)数据包络模型

数据包络分析方法(data envelopment analysis,DEA)是运筹学、管理科学与数理经济学交叉研究的一个新领域。它是根据多项投入指标和多项产出指标,利用线性规划的方法,对具有可比性的同类型单位进行相对有效性评价的一种数量分析方法。DEA 及其模型自 1978 年由美国著名运筹学家 Charnes A 和 Cooper W W 提出以来,已广泛应用于不同行业及部门,并且在处理多指标投入和多指标产出方面,体现了其得天独厚的优势。DEA 避开了计算每项服务的标准成本,因为它可以把多种投入和多种产出转化为效率比率的分子和分母,而不需要转换成相同的货币单位。因此,用 DEA 衡量效率可以清晰地说明投入和产出的组合,从而,它比一套经营比率或利润指标更具有综合性并且更值得信赖。DEA 是一个线性规划模型,表示为产出对投入的比率。通过对一个特定单位的效率和一组提供相同服务的类似单位的绩效的比较,它试图使服务单位的效率最大化。在这个过程中,获得 100%效率的一些单位称为相对有效率单位,而另外的效率评分低于 100%的单位称为无效率单位。管理者就能运用 DEA 来比较一组服务单位,识别相对无效率单位,衡量无效率的严重性,并通过对无效率和有效率单位的比较,发现降低无效率的方法。

6.1.2　评价指标体系

1) 评价指标体系的选取原则

(1) 前瞻性。各项指标均能反映全国都市现代农业发展的最新动态,随着时代发展的趋势,指标的权重可变,数量可适当增减。

(2) 导向性。厘清都市现代农业的任务,体现都市农业区别于大农业的特殊性,以农业现代化为依据,突出中央文件的方向性,重视发挥指标体系对城市发展的引导作用。体现出“用现代物质条件装备农业、用现代科学技术改造农业、用现代产业体系提升农业、用现代经营形式推进农业、用现代发展理念引领农业、用培养新型农民发展农业”的理念。

(3) 可操作性。指标体系层级分为两级指标,指标数量简明实用,避免共线性。尽量选取通用指标,立足大局,规避地方色彩的指标。做到数据权威可靠、易获得、可量化,且城市上报数据的统计含义明确、口径一致。

2) 评价指标体系

围绕新时期我国现代农业发展的目标任务,设定了 5 项一级指标和 23 项二级指标,如表 6-1 所示。其中,总体目标基于农产品供给水平和保障能力、农业生态与可持续发展水平、三产融合发展水平、农业先进生产要素聚集水平、现代农业经营水平设置五大类指标。

表 6 - 1　现代农业发展评价指标体系

一级指标	序号	二级指标
农产品供给水平和保障能力	1	农产品保障水平
	2	耕地保有率
	3	农产品质量安全综合抽检合格率
	4	三品认证农产品产量比率
农业生态与可持续发展水平	5	化肥施用量强度
	6	农药施用量强度
	7	秸秆综合利用率
	8	畜禽养殖粪便综合利用率
三产融合发展水平	9	农产品加工业与农业总产值比
	10	农业生产性服务业发展水平
	11	休闲农业与乡村旅游发展水平
	12	地市级以上农业科普教育基地数量
农业先进生产要素聚集水平	13	农村创业创新园区（基地）数量
	14	万人农业技术推广服务人员人数
	15	农林水事务支出占一产增加值的比重
	16	农村金融服务水平
	17	农作物耕种收综合机械化水平
	18	农村卫生厕所普及率
现代农业经营水平	19	农业劳动生产率
	20	农业土地产出率
	21	农村居民恩格尔系数
	22	农产品品牌建设水平
	23	城乡居民收入比

6.1.3 中国都市现代农业的发展评价

上海交通大学农业农村部都市农业重点实验室研究并发布了"中国都市现代农业发展评价指标体系 UASJTU",该体系测量主要城市的都市现代农业的发展指数,每项一级指标由若干二级指标合成。以聚类分析为基础,通过将某个一级指标的所有二级指标化为量纲一后的数值与其权重的乘积累加,即为该一级指标评价分值,再将一级指标化为量纲一后的数值与其权重的乘积累加,即为总评价分值。其中,《中国都市现代农业发展报告 2017》采用两级评价优化都市现代农业指标权重,两级指标的赋权方法分别采取主观赋权法与客观赋权法。其中,一级指标采用主观赋权法,发挥专家把握大方向的长处,确定各项指标的权重;二级指标采用客观赋权法,发挥数据表征客观规律的长处,通过深度挖掘各城市都市现代农业数据资源,排除了人为主观因素的影响。

"中国都市现代农业发展评价指标体系 UASJTU(2017 版)"共包括 5 项一级指标,涵盖 23 项二级指标。各指标及其权重分布如表 6 - 2 所示。

表 6 - 2 中国都市现代农业发展评价指标体系 UASJTU(2017 版)

一级指标		二级指标		
名称	权重%	序号	名称	权重%
"菜篮子"产品保障能力	20	1	主要"菜篮子"产品保障水平	6.83
		2	耕地保有率	1.78
		3	农产品质量安全综合抽检合格率	0.38
		4	三品认证农产品产量比率	11.00
农业生态与可持续发展水平	24	5	化肥施用量强度	6.34
		6	农药施用量强度	8.99
		7	农业废弃物综合利用率	1.19
		8	单位能耗创造的农林牧渔增加值	7.48

一级指标		二级指标			
名称	权重%	序号	名称		权重%
三产融合 发展水平	22	9	农产品加工业与农业总产值比		5.75
		10	农业生产性服务业发展水平		3.88
		11	休闲农业与乡村旅游发展水平		5.69
		12	地市级以上农业科普教育基地数量		6.69
农业先进生产 要素聚集水平	18	13	农村创业创新园区（基地）数量		3.32
		14	万人农业技术推广服务人员人数		3.22
		15	农林水事务支出占一产增加值的比重		5.20
		16	农村金融服务水平		4.52
		17	耕种收综合机械化水平		0.97
		18	农村互联网普及率		0.77
现代农业 经营水平	16	19	农业劳动生产率		2.31
		20	农业土地产出率		3.58
		21	农产品品牌建设水平		4.14
		22	农户加入合作社比重		4.61
		23	农村居民人均可支配收入		1.36

1）"菜篮子"产品保障能力

主要"菜篮子"产品保障水平（%）：指各城市蔬菜、肉、水产品、鲜奶及禽蛋等"菜篮子"产品7天应急保障能力。计算方法如下：

主要"菜篮子"产品保障水平＝7天平均产量/7天最低需求量×100%

7天平均产量＝主要"菜篮子"产品全年总产量×7/365

7天最低需求量＝常住人口数量×（蔬菜人均最低每周需求量＋鲜奶人均最低每周需求量＋水产品人均最低每周需求量＋肉类人均最低每周需求量＋禽蛋人均最低每周需求量）

数据来源：主要"菜篮子"产品人均最低需求量参考《中国居民膳食指南（2016）》的最低标准。其中，蔬菜和鲜奶为300g/天，水产品为250g/周，肉类和禽蛋为280g/周；蔬菜、肉类、水产品、鲜奶和禽蛋的年产量及常住人口数量来自城市统计年鉴。

说明：主要"菜篮子"产品保障水平的计算结果大于等于 1 时，取值为 1；计算结果小于 1 时，则按实际数据计算。

耕地保有率（%）：指当年耕地面积占上一年耕地面积的百分比，反映各城市土地资源的保障能力和"菜篮子"产品生产供应能力。计算方法如下：

$$耕地保有率＝当年耕地面积/上一年耕地面积×100\%$$

数据来源：历年耕地面积来自各城市统计部门公开资料。

农产品质量安全综合抽检合格率（%）：指农业行政主管部门对城市生产的蔬菜、畜禽产品和水产品开展的例行监测中合格农产品所占比重，是反映食用农产品质量安全水平的重要指标。计算方法如下：

$$农产品质量安全综合抽检合格率＝（蔬菜抽检合格率＋畜禽产品抽检\\合格率＋水产品抽检合格率）/3$$

数据来源：农业农村部农产品质量安全监管司。

三品认证农产品产量比率（%）：指城市生产的无公害农产品、绿色食品、有机食品占全市所有上市地产食用农产品产量的比重，是反映农产品安全水平和标准化生产水平的重要指标。计算方法如下：

$$三品认证农产品产量比率＝（无公害农产品产量＋绿色食品产量＋有\\机食品产量）/全市上市地产食用农产品产\\量×100\%$$

数据来源：部分城市三品认证农产品产量比率来自地方上报；无公害农产品产量来自农业农村部农产品质量安全中心；绿色食品产量和有机食品产量来自绿色食品发展中心；全市上市地产食用农产品产量来自各城市上报资料。

2）农业生态与可持续发展水平

化肥施用量强度（吨/公顷）：指化肥施用量（折纯）与耕地面积的比值。

数据来源：各城市统计年鉴。

农药施用量强度（吨/公顷）：指农药施用量与耕地面积的比值。

数据来源：各城市统计年鉴。

农业废弃物综合利用率（%）：指种植业废弃物综合利用率和畜禽养殖废弃物综合利用率的加权合计。根据实际情况，种植业废弃物综合利用率仅统计秸秆综合利用率。计算方法如下：

农业废弃物综合利用率＝秸秆综合利用率×50%＋畜禽养殖粪便综合

利用率×40%＋病死畜禽专业无害化处理场

集中处理率×10%

秸秆综合利用率＝秸秆综合利用量/秸秆可收集资源量×100%

畜禽养殖粪便综合利用率＝综合利用的畜禽粪污量/畜禽粪污产生总量×100%

病死畜禽专业无害化处理场集中无害化处理率＝专业无害化处理场处

理病死畜禽数量/病

死畜禽总量×100%

数据来源:秸秆综合利用率、畜禽养殖粪便综合利用率、专业无害化处理场处理病死畜禽数量由各地相关部门提供统计数据;病死畜禽总量来自农业农村部畜牧兽医局。

注:病死畜禽专业无害化处理场集中处理率因农业农村部数据库刚开始运行,各市均按 100%核算。

单位能耗创造的农林牧渔增加值(元/吨标准煤):指城市农林牧渔业增加值与农业生产全过程的能量消耗总量的比值,体现了农业生产主要能源消耗情况,是实现农业可持续发展水平、转变农业发展方式、达到节能降耗的重要指标。计算方法如下:

单位能耗创造的农林牧渔增加值＝农林牧渔业增加值/农业生产全过

程的能量消耗总量

能源消耗总量是指农业生产全过程的能量消耗量。计算方法如下:

能源消耗总量＝机电排灌能源消耗系数×机电排灌面积＋农用柴油能

源消耗系数×农用柴油量＋化肥能源消耗系数×化肥

施用量(折纯量)

其中,机电排灌、农用柴油、化肥能源消耗系数(用氮肥能源消耗系数代替)分别为 0.3869 吨/公顷、1.4571 吨/吨、4.7 吨/吨。

数据来源:部分城市单位能耗创造的农林牧渔增加值来自城市统计年鉴;农林牧渔业增加值、化肥施用量(折纯量)来自各城市统计年鉴;机电排灌面积、农用柴油量来自各城市上报资料。

3)三产融合发展水平

农产品加工业与农业总产值比:指该城市农产品加工产值与农林牧

渔业总产值的比值。计算方法如下：

农产品加工业与农业总产值比＝农产品加工业产值/农林牧渔业总产值

数据来源：农产品加工业产值来自各城市上报资料；农林牧渔业总产值来自城市年鉴。

农业生产性服务业发展水平：指各城市农林牧渔服务业产值与农林牧渔业总产值的比值，反映各城市农业服务业发展水平。计算方法如下：

农业生产性服务业发展水平＝农林牧渔服务业产值/农林牧渔业总产值

数据来源：各城市年鉴。

休闲农业与乡村旅游发展水平：指各城市全国休闲农业与乡村旅游示范县、全国星级休闲农业与乡村旅游企业（园区）发展情况，反映该城市休闲农业与乡村旅游发展总体水平。计算方法如下：

休闲农业与乡村旅游发展水平＝示范县发展水平×0.5＋星级企业发展水平×0.5

示范县发展水平＝该城市全国休闲农业与乡村旅游示范县面积/行政区划总面积

星级企业发展水平＝（三星景点数×0.6＋四星景点数×0.8＋五星景点数×1）/行政区划总面积

数据来源：农业农村部、文化和旅游部网站。

地市级以上农业科普教育基地数量（个）：指由地市级以上农业部门、科学技术协会或教育部门认定的中小学农业教育科普基地数量。

数据来源：各城市上报，同一基地不重复计算。

4) 农业先进生产要素聚集水平

农村创业创新园区（基地）数量（个）：指农村创业创新园区（基地）数量，衡量农村双创工作的推进情况。

数据来源：农业农村部全国农村创业创新园区（基地）目录。

万人农业技术推广服务人员人数（人/万人）：指农业技术推广服务人员人数占第一产业从业人员数的比重，反映农业技术推广服务的能力。计算方法如下：

万人农业技术推广服务人员人数＝农业技术推广服务人员人数/第一产业从业人员万人数×100%

数据来源：各城市统计资料、地方上报。

农林水事务支出占一产增加值的比重（%）：指城市农林水事务支出与一产增加值的比值。计算方法如下：

农林水事务支出占一产增加值的比重＝农林水事务支出/一产增加值×100%

数据来源：一产增加值来自中国城市统计年鉴；城市农林水事务支出来源于各城市统计年鉴。

农村金融服务水平（%）：指各城市农业保险深度和单位农林牧渔业增加值的信贷资金投入的算术平均值，是反映农业风险防范能力和现代金融对农业发展支持程度的重要指标。计算方法如下：

农村金融服务水平＝农业保险深度×50%＋单位农林牧渔业增加值的信贷资金投入×50%

农业保险深度＝农业保费收入/农林牧渔业增加值×100%

单位农林牧渔业增加值的信贷资金投入＝农林牧渔业贷款余额/农林牧渔业增加值

数据来源：农业保费收入来自中国保险年鉴；农林牧渔业贷款余额由地方上报，来自该地中国人民银行分支机构统计资料。

耕种收综合机械化水平（%）：指各种农作物机耕、机播（栽、插）、机收的综合作业水平，是反映农业装备水平的重要指标。

数据来源：地方上报。

农村互联网普及率（%）：指农村互联网接入户数占农村总户数的比重。

数据来源：农村互联网普及率来自中国互联网络信息中心（China Internet Network Information Center，CNNIC）发布的《中国互联网络发展状况统计报告》中的省级数据。

5）现代农业经营水平

农业劳动生产率（元/人）：指城市的一产增加值与从业人员数量的比值。计算方法如下：

农业劳动生产率＝一产增加值/从业人员数量

数据来源：城市的一产增加值来源于中国城市统计年鉴；农业从业人员数据来源于各城市上报。

农业土地生产率（元/公顷）：指城市的一产增加值与城市耕地面积的比

值。计算方法如下：

$$农业土地生产率＝一产增加值/耕地面积$$

数据来源：城市的一产增加值数据来源于中国城市统计年鉴；城市耕地面积数据来源于各城市统计年鉴。

农产品品牌建设水平：由国家地理标志农产品数量、一百个专业合作社占比以及一百个区域公用品牌占比三项构成，反映各城市农产品品牌的发展水平。计算方法如下：

$$农产品品牌建设水平＝国家地理标志农产品数量×1/3＋一百个专业\\合作社占比×1/3＋一百个区域公用品牌占比\\×1/3。$$

数据来源：农业农村部。

农户加入合作社比重（%）：指加入合作社的户数占农民总户数的比重。计算方法如下：

$$农户加入合作社比重＝加入合作社的户数/农民总户数×100\%$$

数据来源：加入合作社的户数来自各城市上报资料；农民总户数来自各城市统计年鉴。

农村居民人均可支配收入（元）：指农村居民家庭可用于最终消费、非义务性支出以及储蓄的人均收入。

数据来源：各城市统计部门。

6.2　现代农业产业布局与规划

6.2.1　农业产业布局及其影响因素

1）农业产业布局概念

农业产业布局是指农业各部门（农、林、牧、渔业）及各部门各种生产门类的种类、数量等内容在地域空间上的分布和组合。是从空间维度对农业产业发展与运行规律的专门化研究，进行农业发展资源与生产要素的地理分布、流动与空间聚合特征研究，是产业结构投影在地理空间上的结构、差异、耦合与区际关系。其理论核心是生产力布局，既符合区域经济学的一般规律,又具有农业产业发展的自身特征。

生产力布局反映了国家或特定区域生产力的空间分布与组合形式。从经济产出角度看,生产力布局表现为各产业部门生产的数量、质量、效益等在地理空间中的非均衡性分布状况;从经济发展的内在联系看,则表现为经济发展各要素的配置及空间组合形式。

因此对特定区域的农业产业布局进行分析或规划,除了要判读各具体产业部门所表现出来的地域空间分布状况(如产业带、功能区等),还应进一步探究特定区域农业生产各经济要素组合状况、农业整体与局部(空间及系统)之间的结构特征。

2) 农业产业布局的研究视角

(1) 静态及动态产业布局。

经济要素的地理分布、空间组合形式以及区域之间的经济联系,在一定时期内具有相对稳定性和连续性;但随着社会生产发展、各种内外条件变化,在更长的时段内,又表现出一定的变化趋势。此构成静态与动态的生产力布局。

静态生产力布局指由于自然资源条件、产业历史传承、相对稳定的市场需求与产业政策等因素影响下,所形成的较为固定或变化缓慢的产业布局状况。静态生产力布局反映了各种因素平衡作用下的结果,构成了产业布局评价与规划的基础,如在前现代时期不同国家和地区所形成的各具特色的传统农业。

动态生产力布局指生产力的再布局。内外条件变迁作用于既有生产力分布,使之发生相应的变化。在现代市场经济条件下,由于要素流动与市场变迁,各国各区域农业产业已很难再维持传统的封闭格局,农业产业结构及产业布局不可避免地会出现动态波动的特征。作为规划和政策的农业产业布局,必然要对资源条件与外部环境,尤其是未来发展趋势进行动态分析,积极主动地对生产力布局再组织。

(2) 农业产业布局评价与规划。

在农业产业布局研究中,存在两类密切相关,但在行为逻辑上迥然不同的活动:评价与规划。

农业产业布局评价基本上属于科学研究范畴,即对区域农业产业布局的当前状况与影响因素采用各种理论及分析工具,展开定性或定量分析以力求进行客观描述。其工作的核心是进行事实判断,研究工作力求真实反映区域农业布局的真实面貌与内在规律。

农业产业布局规划属于政策活动范畴,即对当前特定区域的农业产业布局状况与质量依据特定标准进行评判,对内外条件发展趋势进行预测,判断未来走势。进而对产业未来发展目标及经济发展要素配置进行引导,甚至展开某种程度的直接控制,力求调整当前产业布局存在的不合理成分。其工作核心是基于价值标准对当前发展的判断及对未来的预测与政策干预。

3) 农业产业布局与产业结构关系

现代农业产业布局侧重研究产业部门及要素的空间"形态",现代农业产业结构侧重产业部门之间比例及相互结合的"系统"联系,但二者之间存在着密切联系。

首先,产业部门的比例关系(产出或所占据的经济要素的数量)会投影在产业布局中,空间比例与结构比例存在一定程度的对应关系。

其次,在进行各产业部门的空间布局时,如相关产业在地理空间的临近与隔离、集聚或分散,都基于相关产业的彼此关系,如构成上下游产业的生产与加工、种植业与养殖业的种养结合等。在构建特定区域农业结构时,往往以所在地区各产业部门的合理布局为前提;同样,在产业布局规划中,特定的产业空间结构、比例关系、形态格局不可脱离特定的产业结构。二者互为因果,系统结构与空间结构形成农业产业发展的一体两面,不可分割、替代。

必须指出,农业产业布局蕴含了产业结构无可替代的部分内容。一方面,产业空间布局以区域空间为研究对象,尤其是加入现代分析工具(空间大数据、地理信息系统等)后,其图面语言所涵盖的信息是由文字、公式等表达方式为主的产业结构所难以清晰描述的。在产业发展分析中,产业结构重在定性、定量,而产业布局则主要"定位(置)""定形(态)"。另一方面,农业以土地等要素为作用对象,特定区域土地的地形、地貌、水文、肥力、污染及土地利用方式等均具有空间特性,产业结构分析与规划需结合产业布局特征。以上因素决定了产业布局在现代农业发展研究与规划中的价值和地位。

农业产业布局与现代农业发展的关联不仅局限于产业体系,农业生产体系、经营体系也与产业与要素的空间布局存在着密切关系,如农业基础设施、专业化社会服务设施布局,以及现代农业示范园的核心区、示范区、辐射区的空间关系等。

4) 传统农业布局的影响因素

上述有关产业布局研究的理论变迁对理解影响农业产业布局的因素具有借鉴作用。事实上,传统农业与市场化背景下的现代农业在发展条件、影响因素等各方面均存在显著差异。本节从农业生产基本特征分析入手,探讨其对传统农业产业布局的影响,下节则将探讨市场化背景下,各种经济社会因素如何替代自然条件影响现代农业的产业布局。

自然、技术、社会、经济等多重因素都能对农业产业布局施加影响,但在不同时期的决定性因素则有所不同,具体到每类产业部门,各种因素的影响力也存在差异。传统社会背景下,农业产业布局具有如下特征。

(1) 产业布局受自然条件影响显著。近代以前,人们改造自然的能力有限,农业生产具有典型的"看天吃饭"特征,农业生产的地域性、季节性特征使得产业布局具有典型的地方性特征。相邻地区与流域之间的地形地貌、水资源、气候、土壤等条件的部分差别就能造成传统农业产业布局的区域差异。

(2) 产业布局与经营的分散特征。农业生产所固有的长周期性以及作为主要生产对象的土地成本高昂,若土地集约开发则存在高成本、高风险。即使是自然条件并无显著差异的特定区域,农业生产组织也难以实现规模化,造成农业生产经营以及农业布局的分散化现象明显。

(3) 农产品短距离供应范围特征。近现代之前,农业受生产力水平和生产关系约束,以自给自足的自然经济为基本特征,农产品商品化率极低。在此基础上受农产品价值低,农产品加工度受工艺技术限制,生鲜农产品贮存运输困难等因素的综合影响,传统农业中可交易的生鲜农产品一般无力支撑长距离输送,具有典型的供应半径小、市场分割等特征。

5) 现代农业布局的影响因素

进入现代社会,随社会生产力发展,人类利用、改造自然的能力大大增强,交通运输业发展促进经济要素频繁流动,农产品商品化率不断提高,传统孤立与稳定的农产品生产—消费市场格局逐步被打破,静态农业产业布局向动态生产力布局方向转变。

在市场经济快速发展的背景下,市场对资源分配的力量、经济要素的相互替代不断增强,发展现代农业不能过于强调自然因素的客观因素,关起门发展传统农业已经没有出路。

某种程度上看,现代农业发展正是对传统农业的自然特征与约束条件的不断克服的过程。影响现代农业产业布局的因素将更多地体现在生物与农业技术、市场演变、农业政策以及农业发展理念的变化等方面。

现代社会自然资源条件对农业产业布局的影响很大程度上已让位于经济社会因素。值得注意的是,相比于自然条件的相对稳定,经济社会发展往往呈现迅速变化的格局,造成现代农业产业布局的变化频率远高于传统农业。

（1）消费及市场竞争。

人们对农产品的消费需求随生活水平提高而快速变化,进而引起农业内部结构、规模与空间布局的变化,如主粮消费比例随着肉蛋奶消费增加而下降,现代人对食品安全与农业生态关注使绿色、有机产品的需求增加等。

市场是农产品价值实现的主要场所,主导了现代农业的发展,市场规模的大小决定了农业产业及其经营者可否持续与是否具有经济合理性。在激烈的市场竞争环境下,为赢取利润,现代农业产业经营者均力争扩大市场范围与市场份额,加大资本投入,以争夺土地、劳动力、技术等稀缺资源,尽可能消除交通、信息、储存等限制因素造成的市场壁垒,运用各种营销手段以新奇特农产品替代传统产品抢夺市场等。由于经营农业的根本目标的不同,现代农业往往采取规模、集约化经营方式,与传统农业的自给自足的小农经济为代表的分散经营形成显著差异。

（2）农业内部合作。

在市场环境下,农业经营者相互间的关系除了竞争以外,还存在各种形式的合作关系。由于农业生产所依托的自然与社会环境并非孤立,各种自然及经济要素相互联系、制约,农业相关产业及经营单位之间存在复杂的物质转化与能量循环,构成了综合性的农业产业与生态系统。体现在农业产业布局环节中,上下游产业在地理空间上的临近,使各产业部门与经营单位相互促进、相得益彰,充分发挥了农业生态系统的综合潜力,提高了物质转化和能量循环的效率,延伸了产业链与价值链,实现了规模效益和集聚效益。

(3)城市化发展。

城市地区是现代农业的主要市场空间,农业产业布局尤其应考虑到城市化发展对其影响。具体而言,城市化对农业布局存在矛盾的两方面影响。

一方面,城市化发展作为现代化的重要表征,现代社会快速推进的城市化使大量人口从农业转向非农生产,并促使人口向城市,尤其是现代大中城市聚集。对农产品,尤其是农副产品需求剧增,要求在城市郊区发展蔬菜园艺、家禽家畜等产业,扩大了市场范围,往往产生高度商品化、集约化的都市现代农业区位。

另一方面,现代社会农业比较效益低下进一步显现,农业的单位土地和劳动力的产出远远低于城市二三产业,农业作为弱质产业的属性并无根本性变化,甚至进一步强化。在此背景下,当城市化发展带来城市郊区土地增值与城市地理空间扩张,农业与二三产业发展在地理空间的竞争中必然居于下风,并最终被迫让步。现代城市对农业产出需求和空间排斥的矛盾态度,最终导致农业产业的不合理布局。

(4)劳动力条件。

劳动力作为经济要素的组成部分,其对农业产业布局的影响主要体现在劳动力数量、素质等方面。

一定数量的劳动力是农业发展的必要条件。现代社会因技术进步、劳动力价格攀升,农业设施与装备在很大程度上实现了劳动替代,但是在部分农业产业部门,如蔬菜生产,以及农业生产特定环节,如水果采摘等,依然需要投入大量劳动力,区域劳动力数量与价格对决定农业产业结构与空间布局依然存在重要影响。

劳动力的其他特征对农业也存在影响,如年龄构成特征,青壮劳动力相比于老龄、妇女劳动力,因劳动强度差异使二者所能适应的产业部门有所不同;又如劳动力素质差异,受教育程度较高的劳动者对新知识和现代农业装备适应性好,有利于发展高技术装备的现代农业、设施农业,反之则只能适应传统粗放型农业；又如耕作习惯影响，传统农业生产知识蕴含在耕作习惯之中，知识传递采用口口相传等传统方式，成为地方文化的组成部分，复制困难，在这种环境下，劳动者往往很难适应产业部门或生产方式的变更，给现代农业产业布局调整带来阻力。

（5）发展理念及多功能农业。

农业具有多功能特征。在现代社会，农业在提供足够数量与质量的农产品之余，生态、文化等其他衍生功能也逐渐成为发展农业的目标。此外，随着可持续发展理念的深入，人们对农业发展的方式也提出了越来越严苛的要求，如为保持生态环境对农药化肥使用的限制，为减少环境污染提出的畜禽养殖的禁养、限养要求等。

以都市郊区农业为例，在大市场、大流通背景下都市对农业的生产功能需求逐步下降，而更多转向农业的生态、游憩、文化等机制。都市区域农业内部呈现出对林业、休闲农业等需求强于农副产品生产的结构变化，并最终影响都市地区农业各部门的空间布局。

（6）农业发展政策。

现代农业发展离不开政府相关农业政策的影响。一方面，农业关乎国计民生、国家安全与社会稳定，在国家经济社会发展中具有特殊地位。但同时作为弱质产业，农业因其固有特征造成的比较效益低下、严重依赖环境、受制于其他产业等不足决定了农业发展的脆弱性。现代国家多通过各种形式的农业发展政策，扶持、引导农业健康发展，同样也体现为对农业产业结构和布局的影响。

国家、政府的农业政策的具体形式，一方面是通过财政扶持政策，如税收减免、财政支农资金、低息贷款、引导基金等方式，将政府财政资金与社会资本引入某些产业部门、特定生产环节或农业基础设施等领域，实现对农业产业结构与布局的优化，如农业税减免，种子、化肥及农药等农资补贴，农田水利设施建设的投入等。也可通过政策性保险，以减少农业生产、流通环节自然与市场的风险。各种财政相关政策可为农业产业结构优化施加影响，并最终影响到产业布局。另一方面是通过立法、发布政策、编制规划等方式，直接干预现代农业产业发展及布局。如为确保粮食生产安全，我国颁布了行政法规《基本农田保护条例》，并编制中央及地方的土地利用总体规划、采取划定永久基本农田等方式对基本农田数量、范围进行确定,同时开展高标准粮田工程以及粮食生产功能区划定等。中央和地方均编制发布多种形式的农业产业布局规划,如《特色农产品区域布局规划》《优势农产品区域布局规划》等。

6.2.2 农业产业布局规划

1) 农业产业布局规划的基本概念

规划是指全面的、长远的发展计划,是对社会整体或特定系统未来发展的整体性、长期性、基本性问题的思考和整套行动方案。

现代社会中,经济社会各系统发展均面临着快速变化的外部环境,为减少不确定性对事物发展的不利影响,通过事先编制一整套有条理的规划行动方案,以实现事物发展的预定目标。

规划工作的核心属性主要体现在有意识的系统分析与科学预测,以及在此基础上的高质量决策与有效控制。

2) 现代农业发展规划与产业布局规划

农业作为国民经济基础性行业,具有综合性特征,产业发展涉及自然资源条件与经济社会的诸多方面。为应对纷繁复杂的社会需求与内外条件变化,各级政府与产业经营单位均对产业发展背景条件、发展目标、实现路径等各方面进行合理预测并提出切实可行的行动方案,即现代农业发展规划,简称为农业规划。

内外条件多变决定了农业规划是一项动态的、经常性的工作,其中政府主导的农业规划构成农业管理政策基本依据。规划编制与执行须解决好行政与市场的关系或曰边界问题。不可否认,市场经济体制下市场在资源配置中发挥着决定性作用,然而由于市场失灵,特别是农业作为涉及国计民生与国家安全的基础性行业,完全放任市场、放弃政策干预与扶持,在任何国家都是不可能的。应通过规划落实政府对农业发展的系列政策,以发挥对市场的调节作用。

我国政府历来十分重视现代农业规划的编制工作。"十二五"期间,国务院发布了第一部指导我国现代农业建设的《全国现代农业发展规划(2011—2015 年)》;"十三五"期间,国务院继续发布了《全国农业现代化规划

(2016—2020 年)》;2015 年,农业部等八部委联合发布了《全国农业可持续发展规划(2015—2030 年)》;2016 年,农业部制定了《全国种植业结构调整规划(2016—2020 年)》;2017 年农业部制定了《种养结合循环农业示范工程建设规划(2017—2020)》;等。国家层面一系列总体战略性规划构成了行业发展的纲领性文件,明确了国家现代农业发展的工作计划和目标,意义重大。

现代农业发展规划大致可分为产业体系与空间布局两个维度,两者相辅相成。

产业体系规划是布局规划的前提和基础,构成农业规划的核心议题。其主要工作内容包括分析资源禀赋及经济社会发展条件,确定产业发展定位、建设目标、主要指标,构建产业体系,设计农业生产与经营体系,谋划重点建设项目等。产业布局规划则在地理空间布局中衔接产业体系与结构,通过分析自然资源条件与发展现状布局,确定区域农业产业发展的主要空间,论证产业结构规划的合理性与可行性,拟定主要产业功能区划,对产业规划所涉及的基础设施与专业化社会服务设施进行合理布点。产业布局规划是现代农业规划的重要环节,决定了农业规划的科学性与可实施性。

3)农业产业布局规划分类

(1)依据编制主体。

根据规划的编制主体差异,可将农业产业布局规划划分为政府主导与企业主导两种基本类型。

政府主导的农业产业布局规划以特定区域或产业部门的合理布局与健康稳定发展为目标,规划内容包括在产业发展目标与产业体系指导下,实现区域农业产业合理布局,并利用政府支农资金、法规政策、行政指令等行政资源实现规划目标。

企业主导的农业产业布局规划以经济效益为核心,在自然资源条件约束与政府相关产业扶持政策引导下,合理确定产业门类,基于产业发展投入预算及预期经济效益分析,进行产业布局的多方案比较,以实现企业利益的最大化。

两类规划的主要差异在于:①规划目标。政府主导的规划以产业持续发展、农民增收、生态环境保护等公共利益等为目标;而企业主导的规划则在不违背法律规范及相关产业发展政策前提下,追求企业利润的最大化。②规划资源。政府主导规划以公共财政、政策法规、公共干预等丰富的公共资源为依托,规划编制与实施相对而言约束较小;企业主导规划则以企业资金(自有及融资等)及项目具体用地范围为界,受到其自身拥有资源的制约,具有硬预算约束特征,只能严格按照可支配成本进行规划目标设定及其他内容安排。

(2)依据规划对象。

根据规划直接对象以及由此形成的规划路径,农业产业布局规划可分为以特定区域为对象的农业全产业综合布局规划,即区域型规划,以及以特定产业部门为对象的产业部门空间布局规划,即产业型规划。为避免产生歧义,此处区域或产业部门一般均针对宏观层面上而言,隶属于政府主导型的产业布局规划,以与企业主导的小范围项目基地规划类型区分开来。

区域型规划以特定区域,如全国、省域、市县域、流域等自然区域、行政区域或经济区域为界,全面分析该区域自然资源、交通区位、经济社会发展、现有农业布局基础等条件,综合拟定区域农业产业发展目标与导向,进行全区域农业产业空间布局及其他相关规划内容的安排。区域型规划以地域连续和全覆盖为基本特征。

产业型规划以一个或多个农业产业部门(如粮食、蔬菜、水果、畜禽、林业、休闲农业、特色农产品、优势农产品等)为主线,在综合评价该产业现有基础、分析该产业发展资源条件、确定发展目标与指标等基础上,在给定区域中选择具有该类产业发展条件的地区纳入规划对象,进行区域化布局及其他相关规划内容的安排。产业型规划以特定产业系统优化完善为目标,所针对的规划区域往往空间非连续。

(3)依据规划层次。

农业产业布局规划尺度跨度巨大,从全国、区域、地区层面直至小范围的农业产业化基地,涵盖宏观、中观、微观等尺度。各种层次、尺度的规划目标、主要内容以及约束条件均有所不同。

①宏观区域层次。全国或省域层次的农业产业布局规划的主要内容包括全面分析国家或区域农业产业(其中国家层面常以特定产业为主,即产业型布局规划)结构与布局现状,分析产业发展现状、基本特点和存在问题;综

合评价国家或区域自然资源、社会经济资源、开发利用潜力、市场发展前景、产业发展价值意义；研究并确定区域农业产业体系及产业布局的战略发展方向，论证其宏观效益；明确国家或区域农业产业布局中全局性问题的基本政策、途径和方法，形成涵盖国家或区域农业产业综合布局的总蓝图。

②中观地区层次。相比于全国及大区域，围绕大中城市主城区的市县域构成枢纽型区域，在此尺度上的农业产业布局规划的内容须重点考虑农区所在地区的中心城区对农业产业布局的影响。具体而言，本层次产业布局规划内容包括分析本地区农业产业在上层次区域体系的地位及分工、城市对农业产业发展的需求及其变化；具体分析农业各产业部门、各地区区位优势与劣势，研究并确定农业发展目标、总体定位、主导产业；分析城市化及城市发展对农业发展的影响，明确农业产业发展主要空间，划分主要农业产业功能区，确定重大农业产业化建设项目的地区分布，结合市域重大交通及基础设施布局，进行农田水利等基础设施及专业化社会服务设施布局。

③微观企业层次。农业企业产业化基地布局规划作为最小尺度与微观层次的布局规划，其主要包括研究项目区区位及对外运输条件，周边产业发展状况，基地土地资源、气候、地形、地质条件、水源、能源等自然条件，村落、企业等不可移动建设用地及各类污染源状况，根据自然条件与企业生产与销售条件、市场状况、效益诉求等，拟定建设目标、产业门类与技术实现路径，规划项目区空间结构并划分功能区，拟定功能区建设要点，进行总平面布局，对道路、绿化、水系、基础设施等专项系统进行布局等。

4）农业产业布局规划原则

（1）贯彻政府农业政策。农业在现代国家经济社会发展中的特殊地位、作用不可替代，同时作为弱质产业，需要国家和地方对农业产业发展给予各类扶持政策。地方农业产业布局及企业涉农项目规划中，必须遵循国家和地方有关推进现代农业发展的方针政策，充分利用好惠农相关政策措施，提高规划成果的可实施性。

（2）利用自然资源条件。现代社会随着科学技术的进步，自然资源条件对现代农业产业布局的约束日趋削弱，但同时技术运用面临着越来越高的企业及社会成本。各地方农业产业布局规划若能因地制宜、适地适时，遵循自然规律，合理利用并发挥资源条件与潜力，发展区域特色优势农业，将自然与经济社会条件有利的一面有机结合，可有效降低农业生产成本，提高经济效益。特别是粮油等大宗农产品的生产，对自然资源条件依赖度较高，要求相关产业及作物尽可能分布在条件最优越的地区。

（3）发挥经济社会优势。现代农业价值链的提升有赖于农区所处区域的区位条件与经济社会发展状况。农业产业布局规划应遵循现代产业与市场经济固有规律，充分利用交通条件，促进商品农业发展。发挥地方科学技术、高素质农业人才、农业信息、市场规模与需求等优势，大力发展科技农业、信息农业、装备农业与都市现代农业。结合市场需求变化，不断提升农业质量和效益，农业产业布局在稳固农业主导功能之余，大力培育农业衍生功能。

（4）促进各产业部门耦合。现代农业具有综合性特征，构建生态循环农业是农业规划重要目标之一，同时地区农业各产业部门共享自然条件与经济社会资源，种、养、加工等前后端产业部门构成了复杂的物质、能量循环与产业链关系，具备产业部门耦合的基础。作为农业规划的重要环节，布局规划应进一步深化、落实产业体系的内在逻辑，通过合理规划空间布局与组织经济要素，将相关产业整合在特定空间区域内，为实现产业部门的物质流动、经营单位利益联结创造条件。

（5）实现综合效益最大化。农业规划首先应通过满足市场多样化需求，实现产业化发展目标与经营主体的经济效益。在此基础上，通过合理布局产业，综合考虑经济效益、生态效益、社会效益和资源效益的统一，实现国家和地方农业发展要求，实现农民持续增收，创造良好的农业生态环境。特别是处于中观层面的市县域农业布局规划，在面对城市对农业多功能需求与城市扩张之间的矛盾时，应将农业布局规划与城市总体规划、土地利用规划等专业规划有效对接，实现产业发展、城市安全等经济、社会、生态可持续发展的综合效益。

5）农业产业布局规划编制程序

现代农业发展的科学决策有赖于支撑决策的规划本身的科学性、前瞻性与可实施性。而其中，规划方法与程序的合理性确保是规划科学性的前提基础。本节从一般规划程序理论的历史回顾入手，提炼适于农业产业布局规划的方法与程序。

（1）经典规划程序及其批评。

苏格兰生物学家、区域规划学家格迪斯在 20 世纪初提出所谓先诊断后治疗的现代城市规划方法：调查—分析—规划（survey analysis plan，SAP）三段论工作程序，提出规划应从对规划对象的调查入手，再针对现存问题展开专业的分析，并基于分析结论进行规划编制工作。该理论成为 20 世纪中前期现代建筑运动背景下城市规划的标准。直至 20 世纪 70 年代才逐步被系统与理性规划理论相关方法所取代。法卢迪对三段论的批评揭示了该理论体系的不足：任何规划在调查之前应包含问题或目标界定的阶段；规划不应是单数，即规划及规划成果包含了各种可能方案及其后果；按三段论理论，规划工作终结于规划，工作就此结束，但实际上规划作为社会实践，其工作应包含后续的实施及反馈阶段等。

（2）系统与理性规划理论。

20 世纪 40 年代后期兴起的系统工程及理性决策理论为规划及决策活动提供了全新的工作方法与思路。综合各种具体规划工作程序的表述，可大体划分为如下几个阶段。

①规划活动始于问题或者目标的界定。规划工作应是问题导向或目标导向的，在没有提出基本问题或发展目标导向时，规划是无意义的。

②多规划方案与政策设计。根据问题或目标对规划对象的现状进行分析，根据未来发展的多个目标体系或不同情景模式设计出多种规划方案及相关对策。各套规划方案构成连续、涵盖面广的政策体系，具有弹性与动态特点。

③规划方案评估与选择。明确未来发展目标导向，对多方案规划体系进行排序，优选主导规划方案与政策。

④规划方案与政策实施。将总体规划与宏观政策分解为各行政机构（公共部门）的部门工作计划与行动方案，或采用规划成果项目化等形式，通过实施达到各项规划目标。

⑤后续跟踪与反馈。在规划实施过程中，动态跟踪规划成果的实施效果，吸纳规划对象及第三方的反馈信息，评估规划成果质量，根据反馈信息微调、完善规划与政策内容，必要时可开展规划修编工作。

（3）规划决策模型。

上述三段论及系统规划理论都可纳入所谓的完全理性决策模型范畴，即决策者依据完整而综合的信息做出理性的决策。通过对现实世界的适当简化，将规划对象按照相互间的本质联系组织在一起，形成逻辑结构严密的网络或框架。规划及决策过程强调规划对象的系统性与工作程序的绝对理性。

然而，在现实世界的各种综合性规划实践与政策设计中，人们发现所谓的绝对理性的理想状态很难达到，对规划对象细致入微的调查或资料收集面临时间和成本的巨大投入，常常困难重重；规划编制追求绝对客观与完善的目标与内容实际上并不可能，也无必要，现实世界总是不如人意，然而存在即合理，试图剖析并改造不那么完美的客观世界的尝试往往以失败告终。

在意识到纯粹理性只是一种理想，对实际决策并无多大指导作用后，人们提出了有限理性决策理论，或称西蒙模型、西蒙最满意模型。由于受知识的不完备、预见的困难、选择的有限性、时效的局限等影响，人的理性是介于完全理性和完全非理性之间的中间状态——有限理性。按该理论，决策者只能在有限的且力所能及的范围内设定政策目标的最低标准，逐一检验各种备选方案，选出"还过得去"的决策，并在行动过程中再进行后续评估，以弥补当前决策的不足，提高后续决策质量。

在对理性决策模型进一步批评的基础上，一种称为分立渐进决策模型被提出，其主要思想包括：预期目标设定应具有妥协色彩，不追求尽善尽美；规划内容不必包罗万象，重在吸收前期工作的经验教训，特别是前期政策所带来的边际变化，因此，当前规划活动仅需少量的调整即可。此外，为平衡前述各种决策模型的不足，人们又提出折中混合模型等各种决策模型。

（4）农业产业布局规划程序。

受国内当前流行的城乡规划编制体系影响，农业规划总体上沿袭了格迪斯的经典程序，规划过程偏向于理性决策模型。客观上造成内容庞杂、体系僵化的规划要求超出编制组织者的规划资源（组织规划单位的行政地位，规划数据、经费及时间要求等）的问题，静态规划目标体系常无法回应快速变化的经济社会与市场需求，过度强调规划的系统与完备降低了规划时效与价值，本应具备超前预测与指导作用的规划却常常沦为上位规划与政策的传话筒。

　　鉴于现代农业产业发展背景与现实需要，针对不同层次、类型与深度的规划，有必要深入思考现代农业发展规划（含布局规划）的工作程序。

　　例如，作为国家和区域的宏观层次农业布局规划具有较强的政策属性，重点发挥对地方或下层次现代农业产业发展的指导作用。规划依据宏观自然条件与经济社会发展总体趋势，确定产业发展战略方向，进行宏观效益分析，并在国家或区域层面进行产业全局性布局。其规划属性决定了规划编制必然是概略性和战略性的，规划工作程序可简单描述为目标—分析—规划（政策），对应的决策模型偏向分立渐进式。

　　在地方或企业层面，农业规划主要为促进地区产业发展、增加企业收益，政策属性弱或者完全不具备，规划目标对接现实经济社会发展与要求、突出可实施性是该层次规划的重要特征。此类农业规划（含布局规划）工作程序应凸显系统性特征，即以目标或问题导向为切入口，综合分析地区或企业所处环境的自然与经济社会条件，基于综合效益最大化制定多规划方案，优选后在实施过程中反馈、修正。从规划决策模型看，此类规划具有一定程度理性决策特征，且综合性较强，但必须屏弃无所不包、系统完备的简单思维，宜将每个规划都当作个案，限定核心目标及关键问题，从完全理性模型转向有限理性或者分立渐进式模型。

　　6）规划主要内容

　　以政府主导的地方区域为例，分析农业产业布局规划的主要内容。结合前面的介绍，该层次规划通过布局农业产业，促进农业发展，对接经济社会发展，具有较强的可实施性。鉴于各具体规划条件与目标的差异，应将每个规划都视为独立个案，未必存在通用的标准体系。然而规划层次与类型决定了本类规划依然具有一些共性特征。

　　（1）现状条件分析。

　　从空间维度对规划区域现代农业发展资源进行分析评价。发展农业涉及自然资源条件与经济社会条件，在现代社会背景下，自然条件约束随着技术进步与各类工程措施而逐步减弱，但在满足市场需求的前提下，产业空间布局首先仍应遵循自然，发挥自然资源潜力、避免限制条件，发展特色及优势农业。一般自然条件分析包括区域地形、地貌、土壤、水文、地质等地理条件，日照、气温、降雨等气候条件，植物、动物等生物条件等。为便于产业布局规划,应将上述资料数据空间化。

经济社会条件是影响现代农业发展及布局的主要因素,一般包括地方特色及优势农产品、耕作传统、各产业部门发展现状等农业发展状况,现状农区分布,规划区域城乡经济发展状况及市场特征,人口及劳动力数量、质量及其分布,农区交通及农业基础设施条件,农业与生物科学技术研究状况与农业推广状况,主要农业生产资料市场与农副产品批零市场,专业化社会服务设施,居民点及工农业主要污染源及污染特征等。同样也须将以上资料数据空间化。

(2) 农业发展空间及对策。

通过地理信息等现代技术手段明确规划区域农业自然、社会资源与约束条件及现有产业化项目的空间分布状况,通过专题研究,对规划区域农业生产布局的主要信息展开定性、定量、定位分析。

基于地区现代农业发展目标,结合规划区域城乡建设规划、土地利用规划、生态环境保护规划等规划要求,论证、确定现代农业发展的战略空间,构建现代农业总体空间结构与功能区划,提出现代农业发展相关对策。

(3) 分类分区产业空间布局。

从分区及产业部门两个维度对规划区域现代农业发展布局展开进阶规划提出产业发展相关控制及引导条件。

对规划区域下辖的行政单元,提出分区产业空间布局规划要求,基于自然与社会条件分析提出分区域产业发展正面清单和负面清单。

在产业体系规划指导下,分别对农林牧渔等主要产业部门进一步展开自然资源、发展基础、市场条件、上位农业政策分析;划分重点、优先、一般、限制、禁止发展等空间区划,并提出相关引导与限制措施;划定主要产业主生产区,提出产业用地布局、总体规模与空间定位等规划要求。

(4) 重点项目策划。

依据农业产业发展目标,对规划区域各类农业园区、示范区、重点产业化项目、重大农业基础设施项目(库)、农业专业化社会服务设施进行建设目标、建设规模、项目选址、建设要点等进行重点安排、分析投入产出。重点安排近期建设项目,提出规划保障措施。

6.3　现代农业发展的政策支持

对农业实行必要的支持保护是发展现代农业的客观需要。2015 年 11 月,中共中央办公厅、国务院办公厅印发的《深化农村改革综合性实施方案》提出:"要坚持多予少取放活的基本方针,以保障主要农产品供给、促进农民增收、实现农业可持续发展为重点,加大农业支持保护力度,提高农业支持保护效能,完善农业生产激励机制,加快形成覆盖全面、指向明确、重点突出、措施配套、操作简便的农业支持保护制度。"

6.3.1　现代农业支持的必要性

(1) 农业的弱质性。从农产品的本质属性方面看,农产品生产周期较长但是产品自身不耐储存,必须尽快出售,并且市场信息流通不畅。农产品一般为生活必需品,需求弹性较小,其需求变化要小于价格的变化,因此符合蛛网模型中"发散型",在经济生活中的表现就是"谷贱伤农"。农产品的自然风险加重了农产品生产的周期性影响。完全由市场手段进行调节的农产品只会在减产时被高价疯抢,丰收时低价抛售,加剧投机行为的产生,破坏农产品市场的稳定,不利于农民增收。

(2) 农业的外部性。农业不仅为国民生存提供必需品,还为工业发展提供原料。农业还具有生态功能,承受了其他产业发展带来的一系列如环境污染等外部问题,这些问题所造成的社会环境后果最终都由农业生产者和消费者承担。因此,农业不能完全由市场手段进行调节,需要政府通过制订农业政策,形成完善的农业支持制度进行调节。

6.3.2　农业支持政策的基本类型

根据 1993 年 WTO《乌拉圭回合农业协定》(下称《农业协定》)的规定,完整的农业支持政策措施包括国内措施和国际贸易措施。国内政策在《农业协定》中反映为国内支持政策,国际贸易政策在《农业协定》中反映为市场准入政策和出口竞争政策。国内支持政策分为对生产和贸易没有影响或者影响非常微弱的政策(俗称"绿箱政策")、对生产和贸易有直接扭曲作用的政策(俗称"黄箱政策")和在实行价格支持措施的同时，限制了生产面积、牲畜头数和产品产量的政策(俗称"蓝箱政策")。国际贸易政策分为进口限制政策(市场准入政策)和出口促进政策(出口竞争政策)。中国当前的农业支持政策可以系统地划分为对物质生产条件的保障政策、生产者积极性保障政策以及保障重要农产品稳定供应政策("米袋子""菜篮子"工程)。

1) 国内支持政策

国内支持是指政府通过各种国内政策，以农业和农民为扶持资助对象所进行的各种财政支出措施。国内支持在含义上非常宽泛，只要政府的支出是与农业和农民有关系的，都属于国内支持措施，包括对农产品的价格支持、对农业投入品的补贴、对农民的直接补贴，乃至政府用于农业科研推广培训、基础设施建设、扶贫、生态环境建设等方面的支出等。由于国内支持措施种类很多，不同措施的作用是很不相同的，不同的支持措施对生产和贸易的影响也不相同。

《农业协定》附件二中列出了"绿箱政策"的一般要求和具体范围，"绿箱政策"应当是那些对贸易没有扭曲或者影响很小的措施。规定了两条基本标准：一是该项支持应当是通过政府公共政策提供的(包括政府税收减免)，而不是来自消费者的转移。这是因为消费者转移意味着价格扭曲和贸易扭曲。二是该支持不能具有或产生与价格支持相同的效果，因为价格支持具有直接的贸易扭曲效果。"绿箱政策"的共同特点是：一是要有透明性，即事先有明确规定和标准，不能是随意的；二是不能与生产类型和产量高低挂钩；三是不能与价格有关；四是属于补偿类型的补贴不能过高，不能超过实际损失。"绿箱政策"具体包括以下几个方面：①由政府财政开支的一般性农业生产服务，但不涉及对生产者和加工者的直接支付，包括研究、病虫害控制(包括预防与检疫)、培训服务、技术推广和咨询服务、检验服务、营销与促销服务、农业基础设施服务；②粮食安全储备补贴；③国内食品援助；④对生产者的支付；⑤不挂钩收入支持；⑥收入保险和收入安全网计划中政府的资金参与；⑦自然灾害救济支付；⑧通过生产者退休计划提供的结构调整援助；⑨通过资源停用计划提供的结构调整援助；⑩通过投资援助提供的结构调整援助；⑪环保支持；⑫地区援助计划下的支付，主要指对贫困地区的支持。

"黄箱政策"主要包括以下三方面。

①价格支持。各国在不同发展阶段的价格支持政策名称各不相同,但基本原理主要有两种类型。一是支持性收购(保护价收购)。当市场价格低于支持价格时,农民可按支持性价格将粮食出售给国家;如果市场价格高于支持价格,则农民可以直接在市场出售农产品。二是支持价格。事先确定一个目标价格(操作方式、名称、实现手段不同,具体做法也不同),然后按照目标价格与实际的平均市场价格之差对农民进行补贴。

通过保护价收购手段稳定或增加农民收入,是发达国家 20 世纪 80 年代前及发展中国家当今运用最多、应用范围最广的价格支持政策。美国自 1929 至 1933 年经济危机以来,在不同发展时期一直运用支持性收购政策和目标价格支持相结合的做法来稳定并提高农场主的收入。欧盟的内部市场价格政策是另一种支持收购和差价补贴政策的结合。从 1962 年到 20 世纪 80 年代末,欧盟一直实行高于世界市场价格的内部市场价格支持政策。这种价格支持政策的主要工具是目标价格、门槛价格和干预价格。目标价格作为最高限价,是依据某种农产品在欧盟内部最稀缺地区或供不应求的地区所形成的市场价格而定的,包括了贮藏费和运输费。门槛价格是对欧盟以外的第三国设立的,是第三国农产品进入欧盟港口时的最低进口价。如果第三国农产品的到岸价格低于门槛价格,就征收两种价格之间的差价税,即"撇油关税",以保护欧盟内部的农产品贸易,使其成员国农民免受进口农产品的竞争压力。干预价格也称保护价格,是农民出手农产品可以得到的最低价格。

②营销贷款。美国政府成立了规模庞大的农业信贷体系,向农场主提供不动产抵押贷款、生产和销售的中/短期贷款、生产贷款,以及向各种农业合作社提供的贷款。农场主家庭管理局是政府向农场主提供担保贷款和直接贷款的最重要机构,提供高达贷款额 90% 的担保。2002 年新农业法提出了"美国农场信贷体系"的概念,该体系不仅贷款额度明显增加,而且担保经营贷款从 90% 提高到 95%。欧盟则运用银行信贷手段,向农民提供大量优惠贷款。例如,法国农业信贷银行和地区农业互助信贷银行是面向农业的专业金融机构,提供短期、中期和长期贷款。农业贷款的利率比较低,一般为 6%～8%,大约是非农业贷款利率的 50%。银行的利息差额由财政负责

补贴,补贴金额随贷款的增加而不断上升。《农业协定》要求减让的营销信贷属于农业信贷体系中的一个重要组成部分。

③按面积给予的补贴,按牲畜数量给予的补贴,种子、肥料、灌溉等投入补贴和某些有补贴的贷款。这些归在"黄箱政策"内的补贴政策主要是通过降低农业生产的成本来增加农业经营者的收入,但同时会直接影响农业产量。

"蓝箱政策"主要包括:①按固定面积或者产量提供的补贴;②根据基期生产水平85%(含)以下所提供的补贴;③按牲口的固定头数所提供的补贴。

2)进口限制政策(市场准入政策)

农业进口限制政策是指一个国家对入境农产品及其加工产品采取的各种管理和限制措施,包括关税和非关税措施。

关税:大部分国家对各类农产品普遍征收关税。

非关税措施:包括进口数量限制、进口差价税、最低进口价格、酌情发放进口许可证、通过国有贸易企业维持的非关税措施、自动出口限制及除普通关税外的类似边境措施。

美国政府为保护本国农业利益,一直对农产品贸易采取诸多进口限制政策,主要包括以下几种。

(1)关税。美国农产品关税高于关税总水平,食品、饮料、烟草等产品存在关税升级。

(2)关税配额。包括牛肉、奶制品、谷物、糖、糖制品、花生、棉花、烟草在内的某些农产品依然受关税配额限制。2000年,配额内最惠国关税的平均税率为9%,配额外税率平均为53%,而最高的税率达350%。在配额的发放过程中,美国政府还要选择特定国家。此外,关税配额还因年份和产品而不同。

(3)进口许可证。美国对以下农产品实行进口许可证制度:奶酪、牛奶、黄油、奶油、活畜、家禽、鸡蛋、哺乳动物及其制品、生物制品、鱼、野生动物、植物及植物制品等。

(4)卫生和植物检疫要求。美国的检验检疫程序过于复杂,标签要求繁杂。这种对检验检疫的过度使用乃至歧视性做法在某种程度上增加了农产品进口的成本,限制了正常进口。从其发展趋势看,该措施正在成为非关税贸易壁垒的主要形式。美国通常要求进口农产品满足"至少等同于"国内产品的标准。一种产品在进入美国市场前要通过不同部门、不同环节的检验和批准,耗时长,手续繁杂,有时还存在拖延的情况。此外,海关取样和审批程序也极复杂,对商品进口和销售造成损失。

(5)技术性贸易壁垒。美国在食品安全方面主要通过严格的技术法规、标准、强制性认证和苛刻检疫来强化对进口农产品的技术性贸易限制。对于食品和水产品,美国实施了更为严格的联邦法规限制。1973 年美国食品与药物管理局(Food and Drug Administration,FDA)首次将"危害分析及关键点控制"(HACCP)应用于罐头食品加工中,旨在确保从食品原料至最后消费整个食物链过程的安全卫生。1995 年美国 FDA 颁布的《加工和进口水产品安全卫生程序》规定,凡出口美国的水产品,其生产加工企业都必须实施 HACCP 体系,并在美国官方机构注册。2001 年 1 月,美国 FDA 颁布新法规,对果蔬汁产品实施 HACCP 管理,这是美国继水产、肉类和乳制品后又一强制实施 HACCP 管理的产品。

(6)美国 FDA"自动扣留"。这是美国食品与药物管理局(FDA)对进口食品实施管理的一项主要措施。简而言之,就是被 FDA 宣布为"自动扣留"的货物运抵美国口岸时,必须经美国实验室检验合格后方允许放行进入美国境内销售。只要符合下述情况之一,FDA 即可宣布对某项产品实施"自动扣留":抽样检验发现对人体健康有明显危害,如有害元素、农药残留超标、存有毒素、致病微生物、化学污染等,违反了低酸罐头食品的有关规定,或含有未经申报批准的成分如色素等添加剂;如果有资料或历史记录,或接到其他国家有关部门的通报,表明某一国家或地区的产品有可能对人体健康产生危害,并经 FDA 对上述消费来源进行评估,确认该类产品在美国也可能造成同样危害;多个样品经检验不合格,尽管这种不合格未存在对人体健康的明显危害,例如变质异味、夹杂物、标签不合格等。凡施以"自动扣留"措施的进口产品运抵美国后,必须经美国当地 FDA 认可的实验室检验合格并经 FDA 驻当地分支机构审核认可后海关才准予放行。这种在食品领域构筑反恐防线的举动涉及的贸易环节众多、相关企业数量庞大,势必增加全球食品贸易的出口成本,延长出口时间,使产品品质保障风险加大,客观上将起到贸易限制和贸易保护的效果。根据该法规的规定,国外企业在注册时,必须有美国代理人,且必须向代理人支付数千美元不等的代理费用。

3）出口促进政策(出口竞争政策)

出口促进政策是出口国政府为提升本国农产品在国际市场的竞争力而直接在出口环节采取的各种支持政策。它与国内支持不同,国内支持是成员方政府向农业生产者提供的各种支持和援助,如政府提供的农业投入补贴、农民收入支持等等。国内支持虽然对农产品国际贸易有影响,但大多是间接的。而出口促进是直接对农产品出口进行的支持,所以相比而言是更容易产生不公平竞争贸易的政策措施。出口促进政策的主要形式是出口补贴。

出口补贴主要包括:①政府或其代理机构向企业、行业、农产品生产者、农产品生产者合作社或其他协会,或者向销售部提供的各种直接补贴,包括实物支付;②政府或其代理机构以低于市场价格的价格出售非商业性的农产品库存以供出口;③政府资助农产品的出口,包括出口退税行为;④为减少农产品出口的营销成本而提供的补贴(可普遍获得的出口促销和咨询服务除外),包括处理、升级和其他加工成本补贴,以及国际运输成本和运费补贴等;⑤政府提供或授权提供的出口装运货物的国内运输和装货费用,条件比国内装运货物更加优惠;⑥视出口产品中所含农产品的情况而对该产品提供的补贴。

目前,共有 25 个 WTO 成员(欧盟作为一个整体)对 428 种农产品使用出口补贴。1998 年,全球农产品出口补贴额为 62.05 亿美元,约占出口额 1522.3 亿美元的 4.1%。欧盟是最大的出口补贴使用者,占全球出口补贴支出的 90%。瑞士是第二大出口补贴使用者,补贴份额约占 5%。美国是第三大出口补贴国,补贴份额不到 2%。欧盟、瑞士、美国和挪威四个经济合作与发展组织(Organization for Economic Co-operation and Development,OECD)成员的出口补贴占到了全球的 97%。

在《补贴与反补贴协定》中也明确地规定,在出口信贷、出口信贷保险担保和出口信贷保险方面的优惠政策也属于出口补贴。不过,在《农业协定》中,对于如何限制农产品出口信贷以及如何进行减让并没有达成协议,只是决定要通过继续谈判,制定提供出口信贷、出口信贷担保和出口信贷保险的纪律。出口信贷的使用不在通报之列,据估算,出口信贷额约占全球农产品出口额的 5%。美国是最大的出口信贷提供者,约占出口信贷规模的 50%,其次为澳大利亚、欧盟和加拿大。这四个成员合计占总规模的 99%。就出口信贷的使用对象看,它主要发生在发达国家之间,约三分之二的出口信贷发生在 OECD 国家之间。

6.3.3　我国主要的农业支持政策

1）农业农村投入稳定增长机制

农民负担问题在进入 20 世纪 90 年代以后日益成为一个严重的问题。1996 年 12 月,中共中央、国务院在《关于切实做好减轻农民负担工作的决定》中指出:"农民负担重,已成为影响农村改革、发展和稳定的一个十分突出的问题。如不坚决加以解决,势必妨碍国民经济和社会发展'九五'计划和 2010 年远景目标的实现,影响基层政权的巩固,危及国家的长治久安"。

1998 年 10 月,十五届三中全会通过的《中共中央关于农业和农村工作若干重大问题的决定》在"减轻农民负担"方针中提出了"坚持多予少取"。

2000 年 3 月,党中央、国务院作出了《关于进行农村税费改革试点工作的通知》,决定在安徽全省和由其他省、自治区、直辖市选择少数县(市)进行农村税费改革试点,探索建立规范的农村税费制度。农村税费改革试点工作的指导思想是:根据社会主义市场经济发展和推进农村民主法制建设的要求,规范农村税费制度,从根本上治理对农民的各种乱收费,切实减轻农民负担。其主要内容是:取消乡统筹费、农村教育集资等专门面向农民征收的行政事业性收费和政府性基金、集资;取消屠宰税;取消统一规定的劳动积累工和义务工;调整农业税和农业特产税政策;改革村提留征收使用办法。

2001 年 1 月,中央农村工作会议把"多予少取放活"定为新阶段增加农民收入的总的指导思想。"多予,就是要增加对农业和农村的投入,加快农村基础设施建设,扩大退耕还林规模,直接增加农民收入。少取,就是要推进农村税费改革,切实减轻农民负担,让农民休养生息。放活,就是要认真落实党在农村的各项政策,把农民群众的积极性、主动性、创造性充分发挥出来,进一步活跃农村经济,拓宽农民增收渠道。"

2002 年,税改试点工作在全国 20 个省份展开。2003 年,全面推开农村税费改革试点工作。

2004年9月,第十六届四中全会提出了关于工农关系的两个倾向论断:在工业化初始阶段,农业支持工业、为工业提供积累是带有普遍性的倾向;但在工业化达到相当程度后,工业反哺农业、城市支持农村,实现工业与农业、城市与农村协调发展,也是带有普遍性的倾向。2004年12月中央经济工作会议又明确指出:中国现在总体上已到了以工促农、以城带乡的发展阶段。

2005年12月29日,第十届全国人大常委会第十九次会议经表决决定,第一届全国人大常委会第九十六次会议于1958年6月3日通过的农业税条例自2006年1月1日起废止。这意味着9亿中国农民将依法彻底告别延续了2600年的"皇粮国税"——农业税。

2006年中央"一号文件"《关于推进社会主义新农村建设的若干意见》再次强调了我国总体上已进入以工促农、以城带乡的发展阶段,初步具备了加大力度扶持"三农"的能力和条件,并将"实行工业反哺农业、城市支持农村"和"多予少取放活"明确作为新农村建设的基本方针,同时提出"加快建立以工促农、以城带乡的长效机制",明确"国家财政支出、预算内固定资产投资和信贷投放,要按照存量适度调整、增量重点倾斜的原则,不断增加对农业和农村的投入。扩大公共财政覆盖农村的范围,建立健全财政支农资金稳定增长机制"以及"三个高于"的要求:2006年,国家财政支农资金增量要高于上年,国债和预算内资金用于农村建设的比重要高于上年,其中直接用于改善农村生产生活条件的资金要高于上年,并逐步形成新农村建设稳定的资金来源。

2007年中央"一号文件"《关于积极发展现代农业扎实推进社会主义新农村建设的若干意见》进一步明确了财政稳定投入的重要原则:中央和县级以上地方财政每年对农业总投入的增长幅度应当高于其财政经常性收入的增长幅度。

2010年12月,中央农村工作会议提出继续大幅度增加"三农"投入,巩固完善强化强农惠农政策,要求切实做到"三个重点、三个确保":财政支出重点向农业农村倾斜,确保用于农业农村的总量、增量均有提高;预算内固定资产投资重点用于农业农村基础设施建设,确保总量和比重进一步提高;

土地出让收益重点投向农业土地开发、农田水利和农村基础设施建设,确保足额提取,定向使用。

2014 年中央"一号文件"《关于全面深化农村改革加快推进农业现代化的若干意见》提出健全"'三农'投入稳定增长机制":公共财政要坚持把"三农"作为支出重点,中央基建投资继续向"三农"倾斜,优先保证"三农"投入稳定增长;拓宽"三农"投入资金渠道,充分发挥财政资金引导作用,通过贴息、奖励、风险补偿、税费减免等措施,带动金融和社会资金更多投入农业农村。

2017 年,党的十九大部署推动乡村振兴战略,明确要坚持农业农村优先发展的总方针,建立完善农业支持保护制度,加快形成财政优先保障、金融重点倾斜、社会资本积极参与的农业农村多元化投入格局。近年来,各级财政不断加大对农业农村发展的投入力度,2018 年,全国一般公共预算农林水支出迈上 2 万亿元的新台阶。

2) 耕地保护与可持续发展机制

与世界上其他各国相比,我国人均占有耕地数量少,而且农业生产条件相对较好的地区人均占有耕地的数量要比农业生产条件相对较差的地区人均占有耕地的数量低,人多地少是我国的基本国情。长期以来,耕地保护政策是我国的一项基本国策,而严格控制耕地转为非耕地又是耕地保护的基本原则。改革开放后的耕地保护措施以开垦荒地、增加耕地面积为主要目的。

1978 年《政府工作报告》要求在提高单位面积产量的同时,在不损害水土保持、森林、草原和水产资源的条件下,组织国营农场和人民公社有计划地开垦荒地,使耕地面积逐年有较多的增加。1981 年的《政府工作报告》要求基建和农村建房不能乱占耕地。1986 年至 1997 年期间中国耕地保护法律制度开始逐渐形成,1986 年中央"七号文件"将"十分珍惜、合理利用土地和切实保护耕地"纳入基本国策,同年 6 月《土地管理办法》的出台标志着中国耕地保护进入新阶段。此后,1991 到 1994 年,中国国务院相继出台一系列关于耕地保护的通知与管理实施条例。1998 年,新修订的《土地管理办法》以立法的形式确立了"十分珍惜、合理利用土地和切实保护耕地"是我国的基本国策。但是加入 WTO 后,由于经济的发展以及城市的扩张,2001 至

2007 年全国耕地面积逐年下滑,由 19.14 亿亩下降到 18.26 亿亩,下降约 4.5%,在此期间政府不断调整耕地政策,但是情况却不容乐观。意识到问题的严重性,2008 年中央审议通过《关于推进农村改革发展若干重大问题的决定》,坚决要求守住 18 亿亩耕地红线。过去十年间,通过土地开发整理、复垦等手段,全国耕地补充初见成效,增加了 277.5 万公顷的土地。2012 年《全国土地整治规划(2011—2015)》提出在"十二五"期间规划期内建设旱涝保收高标准基本农田 4 亿亩,经整治的基本农田质量平均提高 1 个等级,补充耕地 2400 万亩,确保全国耕地保有量保持在 18.18 亿亩,粮食亩产能力增加 100 公斤以上,整治农村建设用地 450 万亩。严格保护耕地有利于保障粮食生产的综合能力,有利于保障粮食安全。党的十六届三中全会指出,要实行最严格的耕地保护制度,保证国家粮食安全。中国是一个人口大国,人均耕地不足一直是困扰我国粮食生产的重要问题。保护耕地、提高耕地质量,夯实农业基础生产能力,是推进农业发展的重要举措。2018 年党的十九大中央"一号文件"《关于实施乡村振兴战略的意见》指出要全面落实永久基本农田特殊保护制度,大规模推进农村土地整治和高标准农田建设,稳步提升耕地质量。

根据《中华人民共和国土地管理法》《中华人民共和国土地管理法实施条例》和《基本农田保护条例》等法律、法规,当前法律规定的耕地保护制度主要有以下几个方面。

(1) 土地用途管制制度。《中华人民共和国土地管理法》第 4 条第 1 款规定:"国家实行土地用途管制制度。"该条第 2 款规定:"国家编制土地利用总体规划,规定土地用途,将土地分为农用地、建设用地和未利用地。严格限制农用地转为建设用地,控制建设用地总量,对耕地实行特殊保护。"

(2) 耕地总量动态平衡制度。《中华人民共和国土地管理法》第 32 条规定:"省、自治区、直辖市人民政府应当严格执行土地利用总体规划和土地利用年度计划,采取措施,确保本行政区域内耕地不减少、质量不降低。耕地总量减少的,由国务院责令在规定期限内组织开垦与所减少耕地的数量与质量相当的耕地;耕地质量降低的,由国务院责令在规定期限内组织整治。新开垦和整治的耕地由国务院自然资源主管部门会同农业农村主管部门验收。个别省、直辖市确因土地后备资源匮乏,新增建设用地后,新开垦耕地数量不足以补偿所占用耕地的数量的,必须报经国务院批准减免本行政区域内开垦耕地的数量,易地开垦数量和质量相当的土地。"

(3) 耕地占补平衡制度。《中华人民共和国土地管理法》第 30 条规定:"国家实行占用耕地补偿制度。非农业建设经批准占用耕地的,按照'占多少,垦多少'的原则,由占用耕地的单位负责开垦与所占用耕地的数量和质量相当的耕地;没有条件开垦或者开垦的耕地不符合要求的,应当按照省、自治区、直辖市的规定缴纳耕地开垦费,专款用于开垦新的耕地。"

(4) 耕地保护目标责任制度。《基本农田保护条例》规定"县级以上地方各级人民政府应当将基本农田保护工作纳入国民经济和社会发展计划,作为政府领导任期目标责任制的一项内容,并由上一级人民政府监督实施",各级政府应当建立以基本农田保护和耕地总量动态平衡为主要内容的耕地保护目标责任制,每年进行考核。

(5) 基本农田保护制度。《中华人民共和国土地管理法》第 33 条规定:"国家实行永久基本农田保护制度。"基本农田保护制度包括基本农田保护责任制度、基本农田保护区用途管制制度、占用基本农田严格审批与占补平衡制度、基本农田质量保护制度、基本农田环境保护制度、基本农田保护监督检查制度等。

(6) 农用地转用审批制度。《中华人民共和国土地管理法》第 44 条规定:"建设占用土地,涉及农用地转为建设用地的,应当办理农用地转用审批手续。永久基本农田转为建设用地的,由国务院批准。在土地利用总体规划确定的城市和村庄、集镇建设用地规模范围内,为实施该规划而将永久基本农田以外的农用地转为建设用地的,按土地利用年度计划分批次按照国务院规定由原批准土地利用总体规划的机关或其授权的机关批准。在已批准的农用地转用范围内,具体建设项目用地可以由市、县人民政府批准。在土地利用总体规划确定的城市和村庄、集镇建设用地规模范围外,将永久基本农田以外的农用地转为建设用地的,由国务院或国务院授权的省、自治区、直辖市人民政府批准。"

(7) 土地开发整理复垦制度。《中华人民共和国土地管理法》第 39 条规定:"国家鼓励单位和个人按照土地利用总体规划,在保护和改善生态环境、防止水土流失和土地荒漠化的前提下,开发未利用的土地;适宜开发为农用地的,应当优先开发成农用地。"该法第 42 条规定:"国家鼓励土地整理。县、乡(镇)人民政府应当组织农村集体经济组织,按照土地利用总体规划,对田、水、路、林、村综合整治,提高耕地质量,增加有效耕地面积,改善农业生产条件和生态环境。"第 43 条规定:"因挖损、塌陷、压占等造成土地破坏,用地单位和个人应当按照国家有关规定负责复垦;没有条件复垦或者复垦不符合要求的,应当缴纳土地复垦费,专项用于土地复垦。复垦的土地应当优先用于农业。"

(8) 土地税费制度。《中华人民共和国土地管理法》第 30 条规定,建设占用耕地,如没有条件开垦或者开垦的耕地不符合要求,应缴纳耕地开垦费,用于开垦新耕地。第 38 条规定,对于闲置、荒芜耕地要缴纳闲置费。第 55 条规定,对以出让方式取得国有土地使用权的建设单位,要缴纳新增建设用地土地有偿使用费。《中华人民共和国耕地占用税暂行条例》规定,非农业建设占用耕地,要缴纳耕地占用税。法律规定的税费制度,是以经济手段保护耕地的重要措施。

(9) 耕地保护法律责任制度。《中华人民共和国刑法》(2020 年修订版)第 342 条规定:"违反土地管理法规,非法占用耕地、林地等农用地,改变被占用土地用途,数量较大,造成耕地、林地等农用地大量毁坏的,处五年以下有期徒刑或者拘役,并处或者单处罚金。"第 410 条规定:"国家机关工作人员徇私舞弊,违反土地管理法规,滥用职权,非法批准征用、占用土地,或者非法低价出让国有土地使用权,情节严重的,处三年以下有期徒刑或者拘役;致使国家或者集体利益遭受特别重大损失的,处三年以上七年以下有期徒刑。"《中华人民共和国土地管理法》《中华人民共和国土地管理法实施条例》及《基本农田保护条例》等法律、法规,对耕地保护违法行为规定了相应的行政法律责任。

3) 农产品市场调控与农业补贴制度

主要从生产的比较收益入手,包括生产环节和流通环节的补贴政策,以及重要农产品的保障政策,主要包括以下几个方面。

(1) 农业投入品补贴政策。农业投入品补贴政策就是对生产投入品的销价实行限价和在生产者购买某些生产投入品时向他们提供直接购买补贴。2001 年之前农业补贴政策主要是补贴粮食企业经营费用和购销差价。

2004 年,全国 29 个省的直接补贴总额为 116 亿元;良种补贴资金总计 28 亿元;农机具购置补贴中央财政安排资金 7000 万元,地方各级财政安排 4 亿多元,补贴购置各类农机具 9.8 万多台套。2005 年国家继续实行种粮农民直接补贴,并增加良种补贴和农机具购置补贴,尤其是增加了对良种补贴的支持力度和范围。从 2019 年中央"一号文件"看。农业补贴政策的对象和范围进一步扩大,致力于保护耕地,促进农业机械化、专业化发展。

(2) 粮食价格保护政策。粮食保护价格政策是指政府事先给实行这种政策措施的粮食品种规定一个政策价格,如果市场价格高于这个政策价格,则政府对市场活动不加直接干预;如果市场价格降低到这个政策价格水平,则政府按这个政策价格进行收购,从而使得这个政策价格成为保护价格或支持价格。2004 年,我国全面放开粮食收购市场和收购价格,粮食价格由市场形成。2004 年和 2006 年起国家在主产区分别对稻谷和小麦两个重点粮食品种实行最低收购价政策。2008 年以来,针对粮食生产成本上升较快的情况,国家连续 6 年提高粮食最低收购价格。2013 年稻谷、小麦最低收购价分别提高到每斤 1.39 元、1.12 元,6 年累计分别提高 0.67 元、0.41 元,提高幅度分别为 92%、57%。2014 年国家取消了大豆收储政策。2015 年国家继续在小麦主产区实行最低收购价政策。综合考虑粮食生产成本、市场供求、比较效益、国际市场价格和粮食产业发展等各方面因素,经国务院批准,2015 年生产的小麦(三等)最低收购价保持 2014 年水平不变。2016 年后玉米收储政策取消,我国粮食储备品种和收购价格标准都在降低,粮食价格逐步交由市场进行调节。

(3) 直接收入补贴政策。2004 年初国家下发了中央"一号文件",拉开了加强和改善宏观调控的序幕。在此之后国家相继出台了一系列政策措施,其内容概括起来主要是"三补两减免",即对种粮农民实行直接补贴、扩大良种补贴范围、对农民购买农机具给予补贴、全面取消除烟叶以外的农业特产税、加大农业税减免力度。此外政策内容还包括大力支持粮食主产区发展粮食产业,加强主产区粮食生产能力建设,增加对主产区的投入;全面放开粮食收购价格,对重点粮食品种实行价格保护制度;严格保护耕地,提高耕地质量等。政策制定的力度大、涉及面广泛,充分体现了"多予少取放活"的方针。2019 年农业农村部、财政部发布《2019 年重点强农惠农政策》,

强调各省(自治区、直辖市)继续按照《财政部 农业部关于全面推开农业"三项补贴"改革工作的通知》(财农〔2016〕26号)要求,保持政策的连续性、稳定性,确保广大农民直接受益。这一系列政策措施的实施极大地调动了农民生产积极性,实现了粮食增产和农民增收的实效。

(4)重要农产品供给保障政策。在中国,重要农产品的供应关系到国计民生,因此保障重要农产品的稳定供应十分重要。针对重要农产品的供应问题,我国利用"米袋子""菜篮子"两个工程解决。"米袋子"和"菜篮子"分别针对中国的粮食问题,从粮食的种植,一直到收购、运销和市场价格的调控问题,以及蔬菜和城镇供应的菜肉蛋禽鱼等农副产品问题。

中国的粮食问题主要是实现粮食供求的平衡,实现粮食供求平衡的核心问题又是保障重要农产品的稳定供应。而保证农产品的稳定供应除了要保护好农民种粮的积极性外,最重要的就是要组织好粮食流通,也就是选择好粮食流通政策和体制。我国为保障农产品稳定供应的粮食流通政策主要有粮食收购政策、粮食信贷政策、粮食储备政策等。多年来,中国一直奉行"米袋子"省长负责制,对确保粮食安全起到了举足轻重的作用。

"菜篮子"商品品种丰富,资源充足。1993年,我国农副产品批发市场已达2080个,城乡集贸市场已达8.3万个,全国大市场、大流通的新格局已经初步形成。1994年,"菜篮子工程"已处在由过去以生产基地建设为主转入生产基地与市场体系建设并举的新阶段。从1995年起,"菜篮子工程"开始向区域化、规模化、设施化和高档化发展,城乡携手共建"菜篮子工程"。同年,农业部公布了全国23家首批定点鲜活农产品中心批发市场,开始实施了大、中城市"菜篮子"产品批发市场价格信息联网。1998年,中共十五届三中全会通过的《中共中央关于农业和农村工作若干重大问题的决定》指出,"菜篮子"产品生产要推广优新品种,降低成本,提高效益,实现均衡供给,努力创造名牌农产品。1999年,国内"菜篮子"供求形势已经从长期短缺转变为供求基本平衡。2013年为了刺激蔬菜市场,政府开始推动菜场公益化,"菜篮子"工程再次开始受到重视。

附录 A 改革开放至 2020 年以"三农"为主题的中央"一号文件"

（1）1982 年 1 月 1 日，中共中央发出第一个关于"三农"问题的"一号文件"《全国农村工作会议记要》，对迅速推开的农村改革进行了总结。

（2）1983 年 1 月，第二个中央"一号文件"《当前农村经济政策的若干问题》正式颁布。文件从理论上说明了家庭联产承包责任制"是在党的领导下中国农民的伟大创造，是马克思主义农业合作化理论在我国实践中的新发展"。

（3）1984 年 1 月 1 日，中共中央发出《关于一九八四年农村工作的通知》，即第三个"一号文件"。文件强调要继续稳定和完善联产承包责任制，规定土地承包期一般应在 15 年以上，生产周期长和开发性的项目的承包期应当更长一些。

（4）1985 年 1 月，中共中央、国务院发出《关于进一步活跃农村经济的十项政策》，即第四个"一号文件"。取消了 30 年来农副产品统购派购的制度，对粮、棉等少数重要产品采取国家计划合同收购的新政策。

（5）1986 年 1 月 1 日，中共中央、国务院下发了《关于一九八六年农村工作的部署》，即第五个"一号文件"。文件肯定了农村改革的方针政策是正确的，必须继续贯彻执行。

（6）2004 年 1 月，针对全国农民人均纯收入连续增长缓慢的情况，中央下发《中共中央 国务院关于促进农民增加收入若干政策的意见》，成为改革开放以来中央的第六个"一号文件"。

（7）2005 年中央"一号文件"《中共中央 国务院关于进一步加强农村工作提高农业综合生产能力若干政策的意见》要求，坚持"多予少取放活"的方针，稳定、完善和强化各项支农政策。当前和今后一个时期，要把加强农业基础设施建设、加快农业科技进步、提高农业综合生产能力作为一项重大而紧迫的战略任务,切实抓紧抓好。

(8) 2006 年中央"一号文件"《中共中央 国务院关于推进社会主义新农村建设的若干意见》颁布。中共十六届五中全会提出的社会主义新农村建设的重大历史任务迈出有力的一步。

(9) 2007 年中央"一号文件"《中共中央 国务院关于积极发展现代农业扎实推进社会主义新农村建设的若干意见》指出,发展现代农业是社会主义新农村建设的首要任务,要用现代物质条件装备农业,用现代科学技术改造农业,用现代产业体系提升农业,用现代经营形式推进农业,用现代发展理念引领农业,用培养新型农民发展农业,提高农业水利化、机械化和信息化水平,提高土地产出率、资源利用率和农业劳动生产率,提高农业素质、效益和竞争力。

(10) 2008 年中央"一号文件"《中共中央 国务院关于切实加强农业基础建设进一步促进农业发展农民增收的若干意见》共 8 部分,包括:加快构建强化农业基础的长效机制;切实保障主要农产品基本供给;突出抓好农业基础设施建设;着力强化农业科技和服务体系基本支撑;逐步提高农村基本公共服务水平;稳定完善农村基本经营制度和深化农村改革;扎实推进农村基层组织建设;加强和改善党对"三农"工作的领导。

(11) 2009 年中央"一号文件"《中共中央 国务院关于 2009 年促进农业稳定发展农民持续增收的若干意见》共 5 部分,包括:加大对农业的支持保护力度;稳定发展农业生产;强化现代农业物质支撑和服务体系;稳定完善农村基本经营制度;推进城乡经济社会发展一体化。

(12) 2010 年中央"一号文件"《中共中央 国务院关于加大统筹城乡发展力度进一步夯实农业农村发展基础的若干意见》对"三农"投入首次强调"总量持续增加、比例稳步提高",这一要求不仅确保"三农"资金投入的总量,更确定了比例要稳步提高。

(13) 2011 年中央"一号文件"《中共中央 国务院关于加快水利改革发展的决定》是新中国成立 62 年来中央文件首次对水利工作进行全面部署。

(14) 2012 年中央"一号文件"《中共中央 国务院关于加快推进农业科技创新持续增强农产品供给保障能力的若干意见》。

　　(15) 2013 年中央"一号文件"《中共中央 国务院关于加快发展现代农业进一步增强农村发展活力的若干意见》。

　　(16) 2014 年中央"一号文件"《中共中央 国务院关于全面深化农村改革加快推进农业现代化的若干意见》共 8 个部分 33 条,包括:完善国家粮食安全保障体系;强化农业支持保护制度;建立农业可持续发展长效机制;深化农村土地制度改革;构建新型农业经营体系;加快农村金融制度创新;健全城乡发展一体化体制机制;改善乡村治理机制。

　　(17) 2015 年中央"一号文件"《中共中央 国务院关于加大改革创新力度加快农业现代化建设的若干意见》共 5 个部分 32 条,包括:围绕建设现代农业,加快转变农业发展方式;围绕促进农民增收,加大惠农政策力度;围绕城乡发展一体化,深入推进新农村建设;围绕增添农村发展活力,全面深化农村改革;围绕做好"三农"工作,加强农村法治建设。

　　(18) 2016 年中央"一号文件"《关于落实发展新理念加快农业现代化实现全面小康目标的若干意见》共 6 个部分 30 条,包括:持续夯实现代农业基础,提高农业质量效益和竞争力;加强资源保护和生态修复,推动农业绿色发展;推进农村产业融合,促进农民收入持续较快增长;推动城乡协调发展,提高新农村建设水平;深入推进农村改革,增强农村发展内生动力;加强和改善党对"三农"工作指导。

　　(19) 2017 年中央"一号文件"《中共中央 国务院关于深入推进农业供给侧结构性改革加快培育农业农村发展新动能的若干意见》共 6 个部分 33 条,包括:优化产品产业结构,着力推进农业提质增效;推行绿色生产方式,增强农业可持续发展能力;壮大新产业新业态,拓展农业产业链价值链;强化科技创新驱动,引领现代农业加快发展;补齐农业农村短板,夯实农村共享发展基础;加大农村改革力度,激活农业农村内生发展动力。

　　(20) 2018 年中央"一号文件"《关于实施乡村振兴战略的意见》共 12 个部分 49 条,包括:新时代实施乡村振兴战略的重大意义;实施乡村振兴战略的总体要求;提升农业发展质量,培育乡村发展新动能;推进乡村绿色发展,打造人与自然和谐共生发展新格局;繁荣兴盛农村文化,焕发乡风文明新气象;加强农村基层基础工作,构建乡村治理新体系;提高农村民生保障水平,塑造美丽乡村新风貌;打好精准脱贫攻坚战,增强贫困群众获得感;推进体制机制创新,强化乡村振兴制度性供给;汇聚全社会力量,强化乡村振兴人才支撑;开拓投融资渠道,强化乡村振兴投入保障;坚持和完善党对"三农"工作的领导等内容。

(21) 2019年中央"一号文件"《关于坚持农业农村优先发展做好"三农"工作的若干意见》共8个部分,包括:聚力精准施策,决战决胜脱贫攻坚;夯实农业基础,保障重要农产品有效供给;扎实推进乡村建设,加快补齐农村人居环境和公共服务短板;发展壮大乡村产业,拓宽农民增收渠道;全面深化农村改革,激发乡村发展活力;完善乡村治理机制,保持农村社会和谐稳定;发挥农村党支部战斗堡垒作用,全面加强农村基层组织建设;加强党对"三农"工作的领导,落实农业农村优先发展总方针。

(22) 2020年中央"一号文件"《关于抓好"三农"领域重点工作确保如期实现全面小康的意见》指出,2020年是全面建成小康社会目标实现之年,是全面打赢脱贫攻坚战收官之年。要完成上述两大目标任务,脱贫攻坚的最后堡垒必须攻克,全面小康"三农"领域的突出短板必须补上。

附录 B　党的十八大以后至 2019 年中央涉农重要政策文件(不包含中央"一号文件")目录

2012‑12‑14:《国务院办公厅关于印发国家农业节水纲要(2012—2020年)的通知》(国办发〔2012〕55 号)

2012‑12‑31:《国务院办公厅关于印发全国现代农作物种业发展规划(2012—2020 年)的通知》(国办发〔2012〕59 号)

2013‑2‑16:《国务院办公厅关于落实中共中央国务院关于加快发展现代农业进一步增强农村发展活力若干意见》(国办函〔2013〕34 号)

2013‑10‑22:《国务院关于全国高标准农田建设总体规划的批复》(国函〔2013〕111 号)

2013‑10‑22:《国务院办公厅关于加强农产品质量安全监管工作的通知》(国办发〔2013〕106 号)

2013‑10‑22:《国务院关于建立国家专项粮食储备制度的决定》(国发〔1990〕55 号)

2014‑3‑10:《国务院办公厅关于落实中共中央 国务院关于全面深化农村改革加快推进农业现代化若干意见有关政策措施分工的通知》(国办函〔2014〕31 号)

2014‑3‑10:《国务院办公厅关于金融服务"三农"发展的若干意见》(国办发〔2014〕17 号)

2014‑5‑29:《国务院办公厅关于改善农村人居环境的指导意见》(国办发〔2014〕25 号)

2014‑10‑31:《国务院办公厅关于建立病死畜禽无害化处理机制的意见》(国办发〔2014〕47 号)

2015‑1‑22:《国务院关于建立健全粮食安全省长责任制的若干意见》

（国发〔2014〕69 号）

2015 - 6 - 21:《国务院办公厅关于支持农民工等人员返乡创业的意见》（国办发〔2015〕47 号）

2015 - 8 - 17:《国务院办公厅关于加快转变农业发展方式的意见》（国办发〔2015〕59 号）

2015 - 8 - 24:《国务院关于开展农村承包土地的经营权和农民住房财产权抵押贷款试点的指导意见》（国发〔2015〕45 号）

2016 - 01 - 04:《国务院办公厅关于推进农村一二三产业融合发展的指导意见》（国办发〔2015〕93 号）

2016 - 10 - 20:《国务院关于印发全国农业现代化规划（2016—2020 年）的通知》（国发〔2016〕58 号）

2016 - 11 - 25:《国务院办公厅关于完善集体林权制度的意见》（国办发〔2016〕83 号）

2016 - 11 - 29:《国务院办公厅关于支持返乡下乡人员创业创新促进农村一二三产业融合发展的意见》（国办发〔2016〕84 号）

2016 - 12 - 6:《国务院办公厅关于完善支持政策促进农民持续增收的若干意见》（国办发〔2016〕87 号）

2016 - 12 - 28:《国务院办公厅关于进一步促进农产品加工业发展的意见》（国办发〔2016〕93 号）

2017 - 1 - 9:《国务院办公厅关于印发"菜篮子"市长负责制考核办法的通知》（国办发〔2017〕1 号）

2017 - 4 - 1:《农药管理条例》（国令第 677 号）

2017 - 4 - 10:《国务院关于建立粮食生产功能区和重要农产品生产保护区的指导意见》（国发〔2017〕24 号）

2018 - 6 - 11:《国务院办公厅关于推进奶业振兴保障乳品质量安全的意见》（国办发〔2018〕43 号）

2018 - 6 - 11:《农业农村部办公厅关于〈"菜篮子"市长负责制考核办法实施细则〉的补充通知》（农办市〔2018〕29 号）

2018 - 6 - 11:《农业农村部办公厅关于印发〈乡村振兴科技支撑行动实施方案〉的通知》（农办科〔2018〕22 号）

2018－6－14:《国务院批转化工部、农林部、卫生部关于加强农药管理工作的报告》(国发〔1978〕230 号)

2018－7－23:《国务院办公厅关于开展全国政策性粮食库存数量和质量大清查的通知》(国办发〔2018〕61 号)

2018－12－3:《国务院办公厅关于印发国家粮食应急预案的函》(国办函〔2005〕57 号)

2018－12－29:《国务院关于加快推进农业机械化和农机装备产业转型升级的指导意见》(国发〔2018〕42 号)

2018－12－31:《农业农村部办公厅关于抓好生猪生产发展稳定市场供给的通知》(农办牧〔2018〕82 号)

2018－12－31:《农业农村部关于加快推进品牌强农的意见》(农市发〔2018〕3 号)

2018－12－31:《农业农村部办公厅关于做好 2018 年新型职业农民培育工作的通知》(农办科〔2018〕17 号)

2018－12－31:《农业农村部关于印发〈农业绿色发展技术导则(2018—2030 年)〉的通知》(农科教发〔2018〕3 号)

2018－12－31:《农业农村部关于大力实施乡村就业创业促进行动的通知》(农加发〔2018〕4 号)

2018－12－31:《关于印发〈2018—2020 年农机购置补贴实施指导意见〉的通知》(农办财〔2018〕13 号)

2018－12－31:《农业农村部 中国邮政储蓄银行关于加强农业产业化领域金融合作助推实施乡村振兴战略的意见》(农经发〔2018〕3 号)

2018－12－31:《关于印发小麦和稻谷最低收购价执行预案的通知》(国粮发〔2018〕99 号)

2019－6－28:《国务院关于促进乡村产业振兴的指导意见》(国发〔2019〕12 号)

2019－9－10:《国务院办公厅关于稳定生猪生产促进转型升级的意见》(国办发〔2019〕44 号)

2019－10－16:《农业农村部办公厅关于加强农业科技工作助力产业扶贫工作的指导意见》(农办科〔2019〕16 号)

2019 - 10 - 18:《关于推动农商互联完善农产品供应链的通知》(财办建〔2019〕69 号)

2019 - 10 - 19:《农业农村部办公厅关于印发〈2019 年农业农村绿色发展工作要点〉的通知》(农办规〔2019〕11 号)

2019 - 10 - 22:《农业农村部办公厅关于印发〈2019 年农产品质量安全工作要点〉的通知》(农办质〔2019〕7 号)

2019 - 10 - 22:《农业农村部关于乡村振兴战略下加强水产技术推广工作的指导意见》(农渔发〔2019〕7 号)

2019 - 10 - 28:《农业农村部 财政部关于做好 2019 年畜禽粪污资源化利用项目实施工作的通知》(农牧发〔2019〕14 号)

2019 - 10 - 28:《农业农村部关于加快推进农业机械化转型升级的通知》(农机发〔2019〕4 号)

2019 - 10 - 28:《农业农村部关于稳定生猪生产保障市场供给的意见》(农牧发〔2019〕9 号)

2019 - 10 - 28:《农业农村部 国家发展改革委 科技部 财政部 商务部 国家市场监督管理总局 国家粮食和物资储备局关于印发〈国家质量兴农战略规划(2018—2022 年)〉的通知》(农发〔2019〕1 号)

2019 - 11 - 4:《国家粮食和物资储备局关于印发"优质粮食工程"各子项实施指南的通知》(国粮规〔2019〕183 号)

2019 - 11 - 21:《国务院办公厅关于切实加强高标准农田建设提升国家粮食安全保障能力的意见》(国办发〔2019〕50 号)

2019 - 12 - 3:《农田建设项目管理办法》(农业农村部令 2019 年第 4 号)